Sommaire

SPOSA
BAMBINI
CONFEZIONI

ROME
VUE DU CIEL

TEXTE DE FRANCO LEFEVRE / PHOTOGRAPHIES DE GUIDO ROSSI

GALLIMARD

C'est à la Porta del Popolo, au centre de la photo, que se pressèrent, jusqu'au siècle dernier, des bataillons d'artistes, de pauvres gens affamés, de conquérants et de pèlerins.

Pages 8–9: Une vue insolite, fantastique, du centre de Rome: ses toits, ses clochers, ses coupoles, dominés à l'arrière-plan par les deux masses opposées du Colisée et de l'encombrant monument à Victor-Emmanuel.
Pages 10–11: Le Vatican, à cette heure-ci du crépuscule, semble rappeler fièrement aux quartiers qui l'entourent que, de ce côté-ci du Tibre, c'est bien l'église de Pierre qui domine.
Pages 12–13: Le bonheur à Rome, c'est aussi une question de ciel. Ses couleurs en relief confèrent à la ville une saveur insolite; l'émotion contagieuse qui en émane fascine les visiteurs au point de "leur chamarrer le coeur", comme l'écrivait Trilussa, le plus grand poète romain du XXe siècle.

LA CITE DU TIBRE

Goethe avait raison. "Ici, à Rome, le courant nous emporte; il suffit de monter à bord." Deux siècles se sont écoulés et pourtant cette phrase, insignifiante en apparence, nous paraît incontestable. Au-delà de toute écriture, ces images aériennes nous le confirment. L'émotion presque palpable dont elles sont porteuses, leur langage si prenant, illustrent le lien inaltérable entre l'homme et la cité; et tout cela est d'une nature authentiquement romaine.

On croirait que les virages sur l'aile et les audacieux piqués de l'avion où s'est embarqué Guido Alberto Rossi s'inspirent de l'aphorisme de Goethe, à la fois lapidaire et gracieux, dont le ton évoque Dante. Même vue du ciel, l'impression est donnée: cette ville nous emporte.

A nos pieds s'étend une forme imposante et maternelle, représentation emblématique d'une métropole vieille de vingt-sept siècles. D'une sinuosité qui dépasse l'imagination, la Grande Dame se compose d'un entrelac de centaines de venelles et de places. Voluptueuse, ironique, blasphématrice, généreuse, racoleuse, mais également capable de rougissements imprévisibles, elle se présente par ses toits et ses fontaines et communique l'écho de son tumulte. Et, pour ne pas démentir son goût séculaire pour la raillerie, elle offre furtivement à notre regard des lieux inconnus, comme autant de clins d'oeil.

C'est sur le Tibre, et autour de son cours sournois, que le tissu urbain de Rome se développe. Cela commence avec les fondateurs mythiques de la ville, Romulus et Remus qui, selon la légende, voguèrent encore nourissons dans un panier d'osier abandonné aux flots du fleuve avant de venir s'échouer aux pieds du berger Faustulus. Là où allait s'élever le Forum. Et, jusqu'au milieu du XIXe siècle, ces eaux paresseuses et irrégulières, dont le cours et la puissance étaient sans frein, ont joui d'un pouvoir presque absolu sur le destin de ses riverains, ainsi que sur leurs habitations précaires.

Voici ce qu'écrivent, à ce propos, Ugo Martegani et Vanni Ronsisvalle dans leur livre *Roma, il diavolo e l'acquasanta* (Rome, le diable et l'eau bénite): "Depuis le ponte Milvio jusqu'à l'Aventin, le site de Rome, ce giron maternel, était un marécage, malsain et triste à voir. A l'époque des Borgia, les eaux stagnantes léchaient encore le palatin, si bien que lorsqu'elle abandonna les dangers et les fastes de la cour pontificale, Lucrèce chevaucha avec une petite escorte en direction des Thermes de Caracalla jusqu'au couvent des Dominicaines, à San Sisto, là où le plus grand péril que couraient les nobles recluses n'était pas de mourir empoisonnées, mais bien plutôt d'être victimes de la malaria. On ne devait pas être mieux loti dans le centre. Chaque jour, Montaigne, assailli de soucis, courait le risque de ne pas pouvoir sortir de l'Hostaria dell'Orso autrement qu'en barque par la faute des caprices du Tibre qui débordait pour se répandre jusqu'aux Juifs, à savoir jusqu'au Ghetto."

Le Tibre ressemble davantage à un delta capricieux qu'à un cours d'eau régulier, et régulable. Depuis la naissance de la ville, quand de misérables cabanes s'entassaient sur le marais insalubre, il a toujours représenté une menace aux conséquences imprévisibles. On pourrait le comparer aux sursauts des volcans éoliens et du Vésuve. Il n'y a pas de recours possible contre l'eau, elle est aussi envahissante et irrépressible qu'une coulée de lave. Le visiteur ne manquera pas de remarquer certaines inscriptions gravées dans la pierre sur de nombreux palais et églises du centre de Rome; elles rappellent les "niveaux" que les eaux du Tibre ont atteints au cours des siècles et qu'on compare à une monstrueuse armée d'envahisseurs. Parmi les crues récentes, la plus mémorable remonte à décembre 1870, deux mois après l'occupation de Rome par l'armée piémontaise.

Et pourtant, ce cours d'eau, qui s'est parfois montré cruel et dévastateur, a su gagner le titre de fleuve sacré. Sans que la littérature, exaltation de brumeuses et multiples légendes, ou l'architecture du siècle dernier, responsable de pompes parfois discutables, en soient à l'origine. Ce n'est certainement pas par le biais de la magnificence ou de l'exaltation qu'il faut aborder Rome. Coupée en deux par le fleuve mais également doucement caressée par celui-ci, cette ville révèle son charme le plus poignant là où le Tibre exhibe sa pauvreté et son humilité. C'est là que se niche l'origine du long écheveau des souvenirs: les fables passionnantes s'y mêlent aux événements historiques, les personnages poétiques aux figures authentiques. Les Latins et les Sabins, qui furent les premières tribus à

Une perspective géométrique insolite dans cette ville où ont toujours prévalu les lignes courbes et les tracés tortueux. Cette avenue rectiligne joint l'ancienne piazza del Trullo (aujourd'hui piazza del Popolo) à la piazza Venezia, en croisant la via Ripetta (autrefois vias Paolina et Leonina).

Un enchevêtrement étroit de minuscules balcons privés et de terrasses mystérieuses prolongeant des ateliers d'artistes composent le décor de ce quartier délimité par la via Condotti, la via Borgognona, la via Frattina et la via del Babuino jusqu'à l'église de la Trinité-des-Monts (au centre).

descendre dans le Latium, s'installent probablement entre le Xe et le IXe siècle sur le Palatin, le Viminal et le Quirinal. C'est ainsi que débute l'aventure commerciale du Tibre: les sept rois étrusques; la fondation du centre urbain de Rome dans la première moitié du VIe siècle et la naissance de la république après le renversement, en 509 avant J.-C., du dernier des sept rois, Tarquin le Superbe.

La fébrile activité du Forum se concentre surtout dans ses parties nord: le Comitium et la basilique Porcia. Plaute, au IIe siècle avant J.-C., décrit ainsi ces lieux hauts en couleur: "Que celui qui veut trouver un homme qui manque à sa parole aille au Comitium; les riches maris, qui ont envie de se ruiner, cherche-les à proximité de la basilique; c'est là que sont aussi les ribaudes, les hommes pervertis et les gens occupés à conclure des contrats; ceux qui aiment dîner avec leurs amis, tu peux les trouver au Forum piscarium." Et, en 85 après J.-C., le maître de l'épigramme, Martial, nous livre un autre portrait réaliste des habitués du Forum: "Cloé, cette scélérate, écrivit sur la tombe de ses sept maris: ceci a été mon oeuvre. Qui dans le Forum pourrait parler plus clairement?" Des personnages qui ont du chien dirait-on aujourd'hui dans un langage théâtral; pourtant ces petites touches ne manquent pas d'un certain pouvoir évocateur. Nous avons une dette aussi forte envers les poètes qu'envers les artistes et les bâtisseurs de l'époque: la fresque humaine de cette Rome-là est un témoignage de son histoire, aussi précieux que les volutes des chapiteaux et les fragments des mosaïques exhumées sur le Palatin. Mais il est bon que nous nous sentions également débiteurs des narrateurs et des chroniqueurs qui leur ont succédé. Pour ce faire, il nous faudra tourner le dos au Milliaire d'or, cette borne de pierre qu'Auguste fit placer au centre du Forum pour indiquer que, de ce point, toutes les routes de la puissante Rome rayonnaient jusqu'aux frontières les plus reculées de l'Empire. Car Rome a grandi démesurément et, avec elle, l'importance stratégique du Tibre.

Pendant les premiers siècles, la vie des habitants fut étroitement liée au fleuve. C'est grâce à lui que la ville s'agrandissait. C'est au port de la Marmorata, situé à hauteur de la Porta Portese et dont il ne reste à présent plus aucune trace, qu'on déchargeait les blocs de pierre et les graviers nécessaires aux fondations et à la

décoration des demeures des familles les plus influentes. Mais l'intense activité de construction et de commerce de la ville n'a pas détourné les Romains d'une règle essentielle: le respect indiscutable de la tradition. Le centre de la vie romaine ne s'écarta jamais du légendaire "sillon de Romulus". C'est dans cette vallée marécageuse, qui devait prendre plus tard le nom de Forum, que les premiers bergers faisaient paître leurs troupeaux; c'est là qu'ils se nourrissaient d'un peu de froment et de poissons d'eau douce; c'est là qu'était née la "Roma quadrata" et qu'elle s'est transformée en septimontium; et c'est de ce point que, dix siècles plus tard, sous Constantin, on pouvait mesurer le gigantesque périmètre (vingt kilomètres) de la cité. Les vestiges des grandes constructions ne nous permettent guère que d'imaginer ce que fut l'endroit; il nous faut essayer d'en visualiser les dimensions grâce aux éléments que nous fournit un relevé datant de 354 après J.-C.: 37 portes, 11 aquaducs et 11 thermes, 8 ponts, 2 capitoles, 190 greniers à blé, 11 forums, 36 arcs en marbre, 1 152 fontaines, 2 cirques, 2 amphithéâtres, 3 théâtres, 10 basiliques, 254 moulins, 2 grands marchés d'alimentation, près de 2 000 maisons de riches, 80 statues dorées, 77 en ivoire, 6 obélisques. Une orgie de pierre, de marbre, de métaux précieux et de céramiques polychromes pour une population qui oscille, selon Carcopino et Lugli, entre un million-sept-cent-mille et deux millions d'habitants à cette époque.

Mais revenons au Tibre et, dans la nuit complice, observons-le à contre-courant depuis les porches des demeures de maître ou par les petites fenêtres des fragiles maisonnettes qui se reflètent dans l'eau dormante et parfois capricieuse. Puis, les yeux et les oreilles en alerte, enfonçons-nous discrétement dans les venelles étroites, parmi les tavernes et les échoppes. Là, il faut savoir écouter les récits murmurés par tant de voix, secrets vieux de plusieurs siècles.

Là où quelques résidences et clubs sportifs disputent le terrain à des taillis séculaires, uniques vestiges de la colline de Saxa Rubra sur la via Flaminia, Constantin gagna en 312 une bataille décisive contre son rival Maxence. Au terme de cette victoire, le christianisme trouve son grand protecteur en la personne de l'empereur, et les disciples du Christ peuvent manifester ouvertement leur foi. Ils s'étaient rassemblés jusque là dans les catacombes à plusieurs mètres sous terre avec leurs morts conservés dans des niches funéraires. Ils en decorèrent les parois de dessins admirables. Les catacombes de San Sebastiano et San Callisto sur la via Appia, de San Pancrazio sur la via Aurelia, de Domitilla sur la via Ardeatina et de Priscilla sur la via Salaria restent de précieux témoignages de l'époque où les chrétiens subissaient d'épouvantables persécutions. Et, pendant ce temps, à la surface, Rome continuait de brûler; les cendres et les ruines s'accumulaient, mètre après mètre, puis d'autres constructions et d'autres temples étaient érigés sur ce qui restait du désastre. C'est ainsi que la ville s'est sensiblement rehaussée dans sa partie basse, au cours des années de vicissitudes, et qu'aujourd'hui les archéologues trouvent dans le sous-sol romain une source unique d'informations. On a même retrouvé des vestiges de la civilisation primitive au pied des Thermes, lieu d'élection de tous ceux qui cultivaient l'*otiumcum dignitate*. Ainsi, il en était de Rome comme des grandes métropoles modernes: on avait pour principe qu'il était nécessaire de reconstruire un bâtiment sur l'emplacement où il s'était élevé précédemment. Ce principe architectural provenait de la nécessité de conserver le noyau urbain originel et les relations professionnelles et politiques qu'il sous-tendait. Cela explique pourquoi un homme tel que Jules César préféra habiter dans la Suburra et pourquoi le richissime Mécène choisit la zone la plus populaire de l'Esquilin pour y construire sa célèbre villa; tout cela dans une ville où abondaient les temples et, dans ses moments les plus fastes, des chefs-d'oeuvre comme les Forums d'Auguste, de Nerva, de Vespasien, de Trajan.

Cette relation aux origines disparut bientôt. On dirait que les habitants qui vinrent après n'eurent pour toute règle de conduite que de dévaster la Rome classique et de la démembrer systématiquement. Nul mieux que les Romains n'ont mérité le qualificatif de pillard, même si le premier en la matière fut un envahisseur, Alaric, qui, le 24 août 410, saccagea Rome alors que la ville, désertée par ses habitants (il en restait moins de cent mille), regorgeait encore de merveilles architecturales.

Il est vrai que les Goths d'Alaric mirent beaucoup de coeur à détruire en trois jours les résidences les plus prestigieuses; rien que sur l'Aventin, la colline la plus

Les témoignages, même imprécis, des graveurs du XVᵉ siècle ne laissent aucun doute: à cette date, malgré les invasions successives, Rome avait réussi à préserver certains monuments de l'époque impériale, plus particulièrement des obélisques. On voit ici celui de l'île Tibérine.

aristocratique et la plus riche de Rome, 130 villas furent pillées et détruites. Il en fut de même des Vandales qui, sous le commandement de Genséric, 45 ans plus tard, dépouillèrent le palais des Césars, volèrent le mobilier d'or et de pierres précieuses des églises et du temple de Jupiter. Mais que dire des grands feudataires romains, les Conti, les Colonna, les Barberini, les Savelli, les Crescenzi, les Mellini, qui se bâtirent tours et villas avec les marbres et les bronzes somptueux des palais existants? Mais ni le clergé, ni les habitants de modeste extraction ne furent en reste. Les églises et les échoppes furent réduites en débris; on broya des blocs monumentaux pour en faire de la chaux. Et ce qui restait à ras de terre de ces démolitions, surtout les marbres, fut exposé dans les jardins et les cours afin d'y montrer leur stupéfiante beauté. "Et toutes ces pierres qui se trouvent là, alentour, comme les restes d'un riche festin," écrira en 1961 Ennio Flaiano, le plus brillant critique de la Rome moderne.

Cette période de rapines correspond évidemment à un moment chaotique de l'histoire de la ville; elle est le reflet de son état politique et religieux. Une mortification qui connait son apogée pendant "l'âge de fer" de la papauté, lorsque celle-ci se retrouve à la merci des nobles de Rome. Pendant quatre-vingt années, de 887 à 963, ces satrapes s'entre-déchirent afin de pouvoir élire les papes qui leurs conviennent. Vingt-quatre pontifes se succèdent pendant cette période, dont Jean XI, fils de Serge III et de la terrible Marozie, élu pape à l'âge de onze ans.

La fresque romaine ne cesse de se teindre de couleurs de plus en plus sombres, de retentir de cris de guerre; plus rien ne subsiste des anciennes lois ni de l'ancien orgueil d'habiter la ville. Et ni les processions de jubilé, ni les fastueuses visites des puissants venus admirer la Ville éternelle ne semblent pouvoir éclairer cette longue nuit. Les épidémies de peste ne cessent de décimer les quartiers installés sur les rives du Tibre. Des quartiers qui ne comptent plus que quelques milliers d'habitants. On dirait un village incroyablement dilué, aussi insaisissable qu'un feu follet. Cette même Rome qui, secondée par son fleuve solennel, s'était identifiée à une universalité immuable dans le temps, paraissait maintenant prisonnière des souvenirs indéfinis et poussiéreux de sa propre légende.

C'est alors que le nouveau visage de Rome allait apparaître, et ce fut indubitablement le plus sordide: des luttes cruelles alternaient avec de troubles alliances entre le clergé et les multiples groupes de patriciens, ultimes avatars des satrapes orientaux. Et pourtant, cette cité semblait garder par-devers soi quelque secret remède, sorte d'exorcisme "naturel", dirait-on, en tout point semblable au retour quotidien du soleil lorsque le jour se lève et que les ténèbres se dissipent. Cette panacée, la même depuis des siècles: l'imperturbabilité, cette qualité de l'âme — et, ici, de l'inconscient collectif — qui permet ce scepticisme terne dont on fait souvent grief aux Romains.

Même si elle était étrangère, par nature, à toutes les entreprises audacieuses, la population romaine ne s'opposait pas aux nouveautés, surtout lorsqu'elles concernaient les institutions. Ainsi s'explique l'adhésion du peuple à Albéric, fils de Marozie, lorsqu'il supprima brutalement en 932, le pouvoir temporel des papes et qu'il fonda la république en devenant le prince. Il ramena l'ordre en confiant à douze milices le contrôle d'autant de districts; il remplaça la justice ecclésiastique par une justice laïque et intenta maints procès, même contre les membres du clergé. Cela constituait le retour à la gestion du pouvoir par un chef populaire: l'exact opposé de la papauté. L'aspect de la ville demeure stable, à présent, dans l'attente des bouleversements que lui amèneront la Renaissance et l'âge baroque. Avec leur sévérité mesurée, les églises médiévales paraissent correspondre à une exigence venue du peuple: avec la paix de l'âme, qu'on nous donne l'ordre, cette paix égarée.

Et, avec Eugène IV, qui fut pape de 1431 à 1447, voici que la ville renaît à l'architecture. Mais, il faut le dire, une fois de plus aux dépens des monuments de l'antiquité. La méthode de travail était tellement généralisée que nul ne songeait à s'en scandaliser: papes, nobles et cardinaux n'envisageaient pas la construction d'un nouveau bâtiment sans s'être auparavant assurés de visu d'une "carrière". Ainsi nommaient-ils les monuments antiques qu'ils réservaient à cet usage. Ils en tiraient tous les matériaux nécessaires aux travaux, depuis la chaux jusqu'aux marbres des décorations. Et les "chercheurs de marbres" se mettaient à l'ouvrage avec toutes les

Maquette de l'Armée française, 1849: le Tibre, l'Isola Tiberina, à gauche le Ghetto; à droite, le quartier de Trastevere.

Rome, 1941. La guerre a éclaté depuis quelques mois; un avion-ambulance aux couleurs de l'Ordre de Malte survole la Piazza Venezia avant d'atterrir à l'aéroport de l'Urbe, via Salaria. Il est six heures du matin et le centre de Rome semble abandonné. A gauche, le monument à Victor-Emmanuel; à droite, au second plan, le Théâtre de Marcel et, au fond, le quartier de Trastevere.

autorisations nécessaires. On apprend, par un document de 1452, que le bâtisseur Giovanni Paglia Lombardo est autorisé à retirer du Colisée 2522 charretées de travertin pendant une durée de neuf mois. Il en alla de même pour le Circus Maximus, la Curie, le Temple de Vesta, de Vénus et de Romulus, ainsi que les arcs de triomphe de Gratien; pour ne citer que les monuments les plus connus. Tous servirent de marbrière. Les ouvrages remarquables que nous ne pouvons qu'admirer aujourd'hui sont nés sans aucun doute de ce massacre: le palais de Venise, les églises Santa Maria del Popolo, San Pietro in Montorio, San Agostino, Santa Maria della Pace, et l'hôpital Santo Spirito. Ce sont les années où l'art de Baccio Pontelli et de Bramante atteint son apogée, celles où l'on construit avec une rapidité impressionnante dans une Rome sens dessus dessous qui s'entiche de la ligne droite, jusqu'à vouloir faire oublier l'étroitesse des ruelles en développant de spacieuses perspectives rectilignes. C'est la nouvelle façon de concevoir la cité comme le théâtre du pouvoir; c'est le retour à la Rome-espace, à la Rome-maison universelle. "Toute la fureur triomphaliste qui part du trône de Pierre aboutit à la magnificence de la basilique Saint-Pierre," écrit Manlio Lupinacci. "C'est également à ce triomphalisme, doublé de népotisme, que nous devons les obélisques dressés à l'extrêmité des majestueuses rues tracées par Sixte V; nous lui devons aussi la fontaine de Trevi, la solennité architecturale de la piazza di Spagna et l'escalier de la Trinité-des-Monts, ainsi que la place Navone et ses fontaines. Mais nous lui devons surtout d'avoir offert aux plus grands noms de l'architecture, de la sculpture et de la peinture, un espace illimité pour les audaces de leur génie.

Et nous devons au népotisme les demeures des princes romains qui, avec leurs galeries d'oeuvres d'art et leurs musées, seraient des palais dans n'importe quelle autre ville. Qu'y faire si la reconstruction de Saint-Pierre, sur les ruines de la basilique où avait été couronné Charlemagne, a donné lieu au trafic des indulgences; ou si l'élévation de chaque demeure princière repose sur les intrigues et les malversations de cardinaux favoris et sur les libéralités désinvoltes des caisses de l'Eglise? Le promeneur, à Rome, se doit d'admirer les colonnades du Bernin de la place Saint-Pierre, la façade du palais Barberini et, pour l'heure, il doit oublier l'histoire et la morale."

L'horloge de la grande architecture, de la peinture et de la sculpture, de l'ensemble de ces oeuvres disséminées comme un immense éventail, s'arrête aux années flamboyantes du baroque dominées par Borromini et le Bernin, créateurs d'un langage commun à la sculpture et l'architecture. Depuis, Rome semble avoir épuisé son insatiable soif de renouvellement. Et, pendant plus de deux siècles, la ville se réapproprie, par un jeu de miroirs renversé, une certaine image de "métropole paysanne" — pour reprendre les termes de Silvio Negro — pleine de contrastes étranges. Des palais et des églises Renaissance posés çà et là, entrecoupés de bandes de terrains en friche recouverts de ruines et parsemés de vignes, de jardins et de villas opulentes. Des troupeaux de moutons et de chèvres paissent encore dans le Forum à côté des boeufs "aux cornes en lune" comme à l'époque d'Evandre, pendant que les arbustes épineux et les fleurs sauvages ornent en abondance le Colisée de bas en haut. C'est cette Rome qui surprend Goethe, Chateaubriand, Stendhal, Keats et les autres grands voyageurs du XVIIIe et XIXe siècles. Ils ont tous pris la bonne habitude de se plonger dans les précieux vestiges de la romanité. Ces beaux esprits, ces admirateurs infatigables du temps jadis, aiment mêler leur pas à celui des héritiers d'une telle histoire, à fréquenter leurs contemporains nés dans les différents quartiers; le Borgo, le Trastevere et les Monti.

Encore de nos jours, gestes et paroles pourraient révéler quelque trace de la civilisation classique. Les Romains pourraient parfois revêtir les défroques de leurs ancêtres. Leur dialecte, surtout, éveille la curiosité; demeuré très pur, le romanesco sert de ciment linguistique entre toutes les classes sociales, depuis les aristocrates jusqu'au petit peuple.

Giuseppe Gioachine Belli, qui est le plus grand poète romain du XIXe siècle, a écrit à ce propos: "Ce parler réunit toutes les classes du peuple." Et c'est en analysant l'origine de cette cadence, de ces expressions enclines à la raillerie qu'on peut comprendre le véritable caractère des "Romains de Rome".

Enfin deux définitions, toutes les deux très pertinentes. L'une est d'Edmond About: "Beaucoup sont trop fiers pour vous demander cinq sous, mais nul n'est assez riche pour les refuser; fanatiques dans la dévo-

I-1

tion comme dans la haine, faciles à émouvoir mais difficiles à convaincre, sobres par habitude, terribles dans l'ivresse, bons diables, familiers et simples de coeur mais convaincus de leur supériorité sur le reste des hommes ..."; et l'autre d'Oreste Ciabattoni: "La première des caractéristiques est une fatigue qu'accroit l'imagination."

Un peuple controversé, qui pourrait sembler incapable de gestes généreux. Et pourtant, l'un des proverbes dont les enfants de Romulus s'enorgueillissent dit: "Jamais Rome ne fut marâtre pour personne." Tout le monde peut être accueilli ici, de quelque rang social qu'il soit, à condition, toutefois, qu'il ne débarque pas sur les rives du Tibre avec morgue et arrogance.

Aujourd'hui, Rome est polymorphe et aux deux tiers modernisée; y vivent quatre millions de personnes environ. Malgré cela, il est encore possible de tomber sous le charme des vieilles pierres, des palais de la Renaissance et des églises.

Et c'est surtout aux heures interdites de l'aube et de la nuit, lorsque le fracas des voitures s'est éteint et que l'eau des fontaines se fait écho sur les places et dans les ruelles, que le promeneur se laissera porter par sa passion secrète de la Rome ancienne. Il distinguera les rumeurs venues d'autres époques, ces murmures affectueux qui nous font, sans cesse, monter à bord ...

Rome et les cartographes

Une dizaine d'années avant la découverte de l'Amérique, à la fin du moyen âge, un obscur dessinateur, demeuré inconnu, a tracé un panorama de la ville vue du haut. C'est la première fois que l'aspect physique de Rome devient reconnaissable, avec ses toits, ses maisons, ses tours et ses monuments, presque tous au bon endroit. Plusieurs représentations, plus fantaisistes, l'avaient précédé, miniatures anonymes ou dessins, comme celui sur parchemin de Matthew Paris, en 1259.

C'est ainsi que débute une lecture historique de Rome qui semble alors se réapproprier une réalité urbaine. Une trentaine d'années s'écoulera avant qu'un paysagiste hollandais, Marteen van Heemskerck, ne pense à représenter en détail, et de façon réaliste, les différentes parties de la Rome antique et contemporaine mais, cette fois-ci, vues du sol. Les cartographes se mettent à opérer dans un esprit de plus en plus scientifique. C'est le cas de Leonardo Bufalini, qui fait connaître en 1551 son plan topographique de Rome; plein de lacunes, il regorge de détails intéressants: relevés orographiques, cours d'eau à présent invisibles, hauteur des murs et, surtout, ce lacis de rues qui entoure la porta del Popolo et la via Condotti.

Autre siècle, autres méthodes. En 1676, Giovan Battista Falda fait imprimer un vaste plan dans lequel il inclut le tracé des rues de la fin du XVIe siècle et du début du XVIIe, ainsi que les merveilles parsemant la villa Ludovisi et qui furent à peu près anéanties à la fin du XIXe. Mais, quelques années avant lui, un autre cartographe, Giovanni Maggi, avait vu Rome des hauteurs du Janicule. On aperçoit sur sa carte les bacs tirés à l'aide de câbles, la via della Lungara occupée par des jardins et des vignes et les petits lopins de terre situés le long de la villa Corsini et de la villa Lante.

Mais la nouveauté nous vient de Giovan Battista Nolli, de Côme (1702–56). Il lui fallut dix années pour mener à terme son relevé cartographique de Rome, qui vit le jour en 1748. Il inventa un principe topographique qui ne fut détrôné que par la photogrammètrie aérienne. Il faut encore citer cette maquette "panoramique" exécutée par les spécialistes de l'Etat-Major français en 1849; elle ne figure malheureusement que les quartiers qui étaient le théâtre de la guerre entre les républicains romains et l'armée française. Lorsque Godard prend une série de photographies de Rome à partir d'un dirigeable en 1890, Rodolfo Lanciani, professeur de topographie romaine à l'université et directeur des fouilles, est en train de concevoir une oeuvre historique: la Forma Urbis Romae. Tracée sur une échelle au 1/1000, elle permet de connaître l'aspect de la ville pendant les différentes époques historiques qui se sont succédées en les superposant les uns aux autres.

En 1912, on fixa sur une seule plaque l'intégralité de la ville, y compris les nouveaux quartiers des Prati. Sept ans plus tard, grâce aux travaux d'Umberto Nistri, on réalisa la première photogrammètrie aérienne de Rome et de son territoire. C'est une société de Nistri, l'Eta, qui réalisera en 1959 le troisième plan photographique de Rome; une ville qui, dans son expansion, ne peut plus dissimuler ses incohérences urbanistiques.

Photographie datant de 1928. En bas, au centre, la "spina di Borgo", un dédale de vieilles maisons qui furent rasées quelques années plus tard pour faire place à la via della Conciliazione et aux obélisques qui forment une haie d'honneur de chaque côté de la rue.

LES PIERRES DE L'HISTOIRE

On dit d'un gigantesque cyprès, qui finit par s'abattre à l'époque de Néron, qu'il était aussi vieux que Rome. Pourrait-il s'agir de *l'arbor sancta*, l'arbre sacré dont la légende rapporte qu'il était une sorte de "tuteur", gardien imperturbable qui veillait sur la destinée du premier peuple de Rome? On raconte qu'un lotus étendait ses racines depuis le Forum Iulium jusqu'au centre de la ville et que, à côté du Lacus Curtius, un figuier et un olivier protégeaient les passants de l'ombre de leur feuillage.

Plusieurs années s'écoulent et les quelques arbres qui ont su échapper aux pavés et aux temples paraissent bien isolés au milieu de l'agitation générale. La Rome du commerce et de la politique est proche de l'engorgement. Poussés par le souvenir fantasmatique des forêts primitives, les plus âgés des Romains se mettent à les adorer; et c'est ainsi qu'ils deviennent des objets de culte. On les entoure d'une bordure de pierre ou d'une clôture métallique. La vieillesse leur confère la valeur de ces dieux protecteurs, généreux et compréhensifs, chers aux paysans.

Les nobles vestiges de ce que furent les premières demeures romaines perdent de leur grandeur au fur et à mesure que la ville se développe. Elles deviennent la base de l'expansion urbaine. Les blocs de travertin, de marbre luisant, les plaques de bronze et d'ivoire s'accumulent sur le tuf rêche, que les pluies et les inondations ont rendus encore plus poreux. Les plus beaux matériaux transitent par le port de la Marmorata, sur le Tibre, en face de l'Aventin. Avec ces milliers de tonnes de pierre et de métal, Rome apprend à bâtir non seulement des villas de maître, mais aussi des habitations de trois ou quatre étages, et même davantage, ainsi que des statues et des temples colossaux, de grandes enceintes commerciales, des cirques et des thermes publics.

Pourtant, il reste une trace de la lointaine fondation, aide précieuse dans la vie quotidienne. Pendant les siècles de la République et sous l'Empire, circuler à l'intérieur de Rome était une entreprise ardue car seules les artères principales portaient un nom. Aussi était-il indispensable de recourir à la tradition pour s'orienter dans la ville. Celles-ci fleuraient bon le temps jadis, lorsque le Palatin n'était que campagne: "Je sais que mon ami Caïus habite une maison où les cigognes pointent leur bec"; "Je dois aller dans la cavée aux douze portes"; ou encore "Sempronia demeure à l'entrée de la grenade."

Lorsque l'empereur Auguste monte sur le trône, en 27 avant J.-C., il trouve une ville impraticable. Se bâtissant au jour le jour, la métropole s'est finalement transformée en un ensemble chaotique et malodorant, paralysé par une organisation administrative obsolète. La solution qu'adopte Auguste s'impose de manière urgente pour décongestionner la ville qui n'est pas loin de compter deux millions d'habitants. En l'an 7 avant J.-C., il décréte que Rome serait composée de quatorze *regiones* au lieu de quatre précédemment. Un tiers de celles-ci allaient s'étendre au-delà de l'enceinte historique du mur Servien qui, le long de ses 11 kilomètres, englobait une superficie de 430 hectares. Plus tard, le mur d'Aurélien, construit en cinq ans entre 271 et 275 après J.-C., allait avoir une longueur d'environ 19 kilomètres. D'une hauteur de huit mètres, il serait ponctué, tous les cent mètres, de tours quadrangulaires susceptibles d'abriter les positions militaires chargées de sa défense. La dixième *regione*, appelée Palatium, et la huitième, dite Forum Romanum, occupent une position centrale. Elles restent le coeur politique et culturel de la cité.

Le dessein de l'empereur était d'étendre la réforme du territoire au personnel administratif. Il mobilisa donc un puissant réseau de hauts fonctionnaires, le préfet de la ville, les curatores, chacun à la tête d'une *regione*. Auguste n'imaginait pas qu'il allait ainsi mettre sur pied les nouveaux centres d'un pouvoir insidieux sur lesquels viendrait se greffer un clientélisme politique parasitaire.

La ville connaissait alors une expansion inquiétante; une ville dynamique et optimiste mais déconcertée par bien des avanies, elle voyait les classes possédantes jouir d'une protection sans cesse croissante. Les écarts sociaux étaient considérables: sous Auguste, Rome comptait 50 000 bâtiments de plusieurs étages, les *insulae*, véritables cités-dortoirs où l'on habite en location, contre 2 000 maisons luxueuses. En se côtoyant, les deux classes sociales reflétent de façon éloquente les contradictions de l'époque. Ressort des témoignages de ce temps le portrait d'une Rome à double face: l'une, étincelante, vivant dans une débauche de marbres, l'autre cachée

Le pont Rotto, ce vestige de la Rome antique, presque totalement recouvert par les eaux du Tibre, témoigne des larcins dont il a été victime au cours des siècles. Ce chef-d'oeuvre, construit sur cinq piliers en 142 avant J.-C. par Lépide, fut le premier pont en marbre à enjamber le Tibre. Le pont Palatino, qui s'élève à côté des restes de l'oeuvre de Lépide, remonte à 1887. Comme son malheureux jumeau il y a deux mille ans, il est aujourd'hui le lien essentiel entre le Trastevere et le coeur de la ville.

Au centre, le Colisée. Ou plus précisément, le tiers restant du célèbre cirque construit par Vespasien et Titus sur l'emplacement du lac de la Domus Aurea. Pour mieux comprendre ce qui lui est arrivé, il suffit de jeter un coup d'oeil sur certaines églises ou certains palais romains: on y retrouve tant de matériaux "d'emprunt"!

et condamnée à un destin de cavernicoles.

Le train de vie que menait avec ostentation le propriétaire d'une *domus* sur le Palatin ou le mont Coelius était une véritable déclaration de guerre à la foule misérable qui, la nuit venue, s'entassait à trois familles dans une même mansarde ou dans la cave des échoppes, quand ce n'était sous les ponts. Les *insulae* étaient infestées de blattes, de punaises et de rats. Les toilettes et le chauffage y étaient totalement inconnus car, malgré les quatorze aqueducs qui desservaient la ville, l'eau ne pouvait pas monter aux étages supérieurs. On ne connaissait pas la colonne montante, aussi n'y avait-il de cabinets qu'au rez de chaussée. On jetait les ordures du haut des fenêtres; ce qui avait des conséquences désastreuses sur l'hygiène publique, et, à l'occasion, fâcheuses pour les passants.

En revanche, les *domus* et les *villae* des riches étaient pourvues de toutes les commodités. Les classes aisées avaient pour principe sacré de rendre sereine la vie des propriétaires et de leurs nombreux hôtes. En conséquence, il fallait, comme le voulait le modèle hellénique, que la fête continue. Dans les *tricliniums* où se rassemblaient en foule les invités pour le dîner; dans le péristyle où l'on pouvait jouir de manière ininterrompu de la lumière du jour; dans les *cubicula*, chambres tapissées de mosaïques blanches. Et grâce aux systèmes de chauffage qui permettaient le passage de l'air chaud dans les interstices des murs; grâce aux multiples pièces du rez de chaussée destinées à accueillir les cuisines, les écuries et les dortoirs pour les esclaves. Posséder des esclaves était une condition impérative pour affirmer son rang. Pendant des siècles, ce serviteur-objet vécut l'enfer; on pouvait disposer de lui sans rien redouter des lois; l'acheter et le revendre, le frapper, le mutiler ou le tuer. Un enfant d'esclave le devenait à son tour dès sa naissance. Et s'il tentait de s'enfuir, il risquait d'être crucifié ou jeté dans la fosse aux lions.

Plus tard, pendant l'époque impériale, les législateurs se montrèrent plus compréhensifs. On accorda aux esclaves le droit d'avoir une compagne et à leurs enfants celui de fréquenter les enfants de leur maître. Ils purent racheter leur liberté et, une fois affranchis, aspirer à une fonction importante: secrétaire, fermier, précepteur. Par exemple, Néron eut comme précepteur un palefrenier qui n'avait acquis sa liberté que

Maintenant qu'on a abattu les masures qui l'entouraient pour tracer l'imposante via dell'Impero, l'hémicycle du marché de Trajan donne l'impression de n'avoir plus rien en commun avec le Forum tout proche. Derrière lui, la tour des Milices, sévère et presque menaçante, se dresse, telle une sentinelle inutile, au-dessus de la perspective de la via Nazionale, laquelle aboutit à la fontaines des Naïades.

depuis quelques années. Presque quotidiennement, le marché de chair humaine se déroulait en plein air, au Forum, sur une estrade tournante. Les marchands d'esclaves ou *venalicii* offraient, sous la surveillance d'un édile, un large échantillonnage de spécimens humains: d'athlétiques prisonniers de guerre, des jeunes filles et des enfants capturés par des pirates et traités avec égard pour être revendus à prix d'or, des débiteurs ayant perdu leur liberté, des cuisiniers, des danseuses et des savants venus d'Orient. Il arrivait même que ce commerce ait des répercussions sur la culture romaine. Pline l'Ancien rapporte le cas d'un grammairien acheté au Forum pour l'énorme somme de 700 mille sesterces.

Bien qu'objets de controverses animées, les esclaves étaient indispensables pour affirmer un statut social. Un homme aussi pondéré qu'Horace réclamait, lorsqu'il était à table, la présence de trois esclaves autour de lui. Si l'on en croit Athénée, l'érudit qui fréquentait les banquets les plus fastueux de son temps, certains fêtards romains en possédaient entre huit mille et vingt mille. La plupart d'entre eux étaient relégués dans les *latifundia* où ils passaient leur temps à casser des pierres pour construire de nouvelles villas et le soir venu, reclus de fatigue, ils s'écroulaient dans un dortoir pestilentiel.

C'est sur le chapitre de la nourriture que le fossé existant entre les deux couches de la population romaine s'affirme de la manière la plus flagrante. Alors que leurs aïeux mangeaient chichement, les Romains s'étaient mis à faire des plaisirs de la table un symbole de réussite sociale.

Si les nuits passées dans les bruyants *tricliniums* des puissants ressemblaient aux descriptions qu'en fait Pétrone, on peut se demander dans quel état, teint blême et ventre douloureux, les convives se rendaient ensuite au Forum afin d'y rentabiliser leur *dies solidus* et d'y faire marcher leurs affaires. Sans doute l'illustre maître, trop gourmand, se faisait-il remplacer par une cohorte d'esclaves, d'affranchis et d'hommes de main.

Durant des siècles, le comportement de cette classe demeure pratiquement inchangé malgré tous ses excès, dans une Rome dont le bon goût et la modération paraissent bannis. En proie à un hédonisme effréné, les grands propriétaires semblent saisis d'un irrésistible délire de puissance qui se concrétise dans la

blancheur éblouissante des marbres, la polychromie des atriums et des thermes pour se propager aux tavernes et aux théâtres et influencer considérablement le développement de la civilisation.

Cette hypertrophie "urbaine", crise de gigantisme social, déferla sur le peuple romain en faisant des ravages. Entassés, malgré l'aménagement de l'espace, dans un océan de pierres, de marbre, de briques et de bronze, les habitants se consacraient beaucoup à l'oisiveté, compensation naturelle à la démesure de la pompe impériale. Aussi s'attachent-ils de plus en plus aux aspects hédonistes de la vie quotidienne. On permet aux femmes de passer outre à des interdits séculaires; elles ont le droit de sortir seules, d'accompagner leur mari aux banquets nocturnes, d'adopter sans restriction de nouvelles coiffures. Elles avaient une prédilection pour le blond et le roux et n'appréciaient pas les cheveux courts. Elles faisaient l'impossible pour se procurer les chevelures des barbares ou pour créer des postiches qui étaient souvent à plusieurs niveaux sous les Flaviens, comme le rapporte Martial. Mais, rongés par la vanité, les hommes de l'époque n'étaient pas en reste sur le chapitre de la coiffure; ils rivalisaient de soin et passaient des heures entières chez leur *tonsores* qui les frisaient et les parfumaient avec des essences rares.

Même vanité dans les thermes que l'on fréquentait assidûment après le déjeuner et jusqu'au soir. Les jeunes garçons se faisaient laver le corps à l'aide d'un mélange d'huile et d'herbes médicinales par une multitude d'esclaves qui portaient de l'eau chaude, de l'encens ou des fruits. Dix mille esclaves travaillaient dans les Thermes de Caracalla, et cinq mille Romains passaient chaque jour entre leurs mains. Mais certains personnages avaient des habitudes plus austères; ainsi, Sénèque préférait se baigner dans le Tibre, même en plein hiver.

Cette grande familiarité avec l'eau est un emprunt aux Grecs car, pendant des siècles, les Romains n'avaient pris de bain qu'une fois par semaine. Puis c'est la foule des théâtres et des cirques: une même obsession de profiter de la vie en communauté, dans le tumulte et la poussière traversés par le fracas des chars lancés à toute allure, les hurlements des vigiles et les imprécations des passants. Un tohu-bohu qui ne connait que de rares répits au tomber du jour.

Le Romain se précipitait au théâtre dès le matin; il était fasciné par les nouveaux décors et prêts à adhérer aux histoires qu'on y mettait en scène. Les comédies et les tragédies à sujet romain (les *fabulae togatae* et les *fabulae praetextae*) avaient succédé aux histrions étrusques, aux *ludi fescennini* qui représentaient des scènes quotidiennes d'un caractère populaire et même obscène, et aux farces divertissantes, les *fabulae Atellanae* qui provenaient de la région de Capoue.

Le public attendait beaucoup de l'acteur. Il voulait s'émouvoir et n'hésitait pas à réclamer la mort physique du comédien lorsque celle-ci était prévue dans le livret. On a assisté à de telles scènes au théâtre de Pompée (construit en 55 avant J.-C.), de Cornelius Balbus (13 avant J.-C.) et de Marcellus, gendre d'Auguste. Le même hurlement collectif, le même grondement tellurique retentit sur les gradins du cirque. La clameur s'élève de l'amphithéâtre Flavien qu'on a affublé du nom, incorrect, de Colisée qui tirerait son origine de la gigantesque statue, érigée des années auparavant, du "Colosse de Néron". Le grand massacre a débuté en 80 avant J.-C., sous le règne de Titus: cinq mille fauves sacrifiés lors d'horribles chasses, les *venationes*. Le plaisir qu'en retiraient les cinquante mille spectateurs est inimaginable. On connaît également la passion de l'empereur Claude pour ces combats, aussi bien entre animaux, (ours contre buffle, rhinocéros contre éléphant) qu'entre gladiateurs. Le dictateur était capable de délaisser les affaires les plus pressantes de l'Etat pour ne pas manquer les spectacles de l'amphithéâtre Flavien où il décidait du sort des combattants d'un geste du pouce.

Il n'était nul besoin d'un tel rituel pour la scène *ad bestias;* dans ce supplice conçu par Auguste, le malheureux qu'on poussait dans l'arène ne pouvait résister bien longtemps aux tigres, aux lions et aux ours affamés qui l'y attendaient. Les chrétiens firent particulièrement les frais de ces multiples boucheries. Puis, à la fin du IVe siècle, la nouvelle vision du monde que véhiculait le christianisme abolit brusquement les dernières cruautés de l'Empire.

Ainsi prend fin l'âge d'or de la Rome classique, dans les rugissements d'un lion affamé qui, solitaire, erre sur le sable d'un amphithéâtre inutile, envahi par les ronces. Ces ruines aujourd'hui essaimées dans la ville nous servent d'aide mémoire.

Surchargé de bas-reliefs, l'arc de Septime Sévère témoigne de l'affection que le peuple de Rome nourrissait pour cet empereur et pour ses enfants: Caracalla et Géta. Achevé en 203 après J.-C., il "symbolise" sur un plan esthétique l'intervention du pouvoir politique en faveur de la société de l'époque et évoque les victoires de l'empereur.

"Le Colisée offre un spectacle singulièrement beau. Il reste clos la nuit; un ermite y a sa demeure dans la chapelle toute proche et quelques mendiants sont blottis sous les voûtes en ruine. Ces hommes avaient allumé un feu par terre et un vent léger poussait la fumée vers l'arène. Nous nous sommes arrêtés à côté des grilles pour les observer. La lune brillait dans le ciel; et la fumée qui s'échappait par les fissures en fut peu à peu illuminée comme une nuée. C'est sous cette lumière qu'il faut voir le Capitole, le péristyle de Saint-Pierre et les principaux lieux de la ville ..." (J.W. Goethe, extrait du Voyage en Italie, *2 février 1787)*

Banalisé par l'histoire, le Colisée, qui est le plus important monument au monde, doit être considéré comme le précurseur de tous les cirques. Cent mille mètres cube de travertin et trois cents tonnes de fer; telle est la masse considérable de matériaux que les Flaviens utilisèrent pour sa construction.

A gauche: Conçue comme un pendant du Colisée pour ses dimensions et son importance, la basilique de Maxence fut achevée au terme de six années d'un travail exténuant (de 306 à 312 après J.-C.).
Ci-dessus: *"On ne voit plus sur le Forum aucune trace de cette fameuse tribune d'où le peuple romain était gouverné par l'éloquence; on y trouve encore trois colonnes d'un temple élevé par Auguste en l'honneur de Jupiter tonnant; un arc de triomphe à Septime Sévère; ... un peu plus loin les ruines du temple dédié au soleil et à la lune, bâti par l'empereur Adrien ..."*
(Madame de Staël)

Hippolyte Taine est passé, voilà plus d'un siècle, parmi les ruines imposantes des thermes de Caracalla où l'on célèbre chaque année le culte bruyant de l'art lyrique. Voici ce qu'il en a écrit: "C'est le plus grand monument après le Colisée, qu'on puisse voir à Rome. C'est une oeuvre humaine que le temps et les accidents ont déformée et transformée jusqu'à la rendre naturelle. Devant ces voûtes rondes élancées comme les arches d'un grand pont, devant ces môles croulants, on se demande s'il n'y a point eu là une ville entière. On comptait ici seize cents sièges de marbre poli. La salle de la piscine a cent vingt pas de long; celle où l'on se déshabillait a quatre-vingt pieds de haut; tout cela était revêtu de marbre ..."

Les ruines de la Villa d'Hadrien près du Tivoli; un ensemble monumental qui évoque les lieux et les ouvrages d'architectures visités par l'Empereur au cours de ses voyages en Orient.

Tivoli, un lieu chargé d'histoire et de traditions. Ses principaux atouts: des eaux thermales sulfureuses, le tuf de ses collines qui a servi à construire une bonne partie de la capitale, et la Villa d'Este avec ses jardins et ses fontaines. Il reste l'un des lieux de villégiature les plus prestigieux en Europe et en Amérique du nord, où on a donné son nom à de nombreux parcs.

Qu'elle soit Antica ou bien Nuova, la via Appia draine la circulation dans la capitale d'une porte à une autre. En page de gauche, photo du haut, la Villa d'Hadrien, aux pieds du Tivoli; sur la photo du bas, le mausolée de Cecilia Matella. Ci-contre, deux exemples de ruines de l'époque Romaine le long de la "promenade archéologique" (Passeggiata Archeologica) sur la via Appia Antica.

La porta Metronia est considérée comme le vestige le plus significatif des activités commerciales de la Rome antique. Par sa situation, elle paraît veiller sur cette symbiose entre les vestiges historiques et le modernisme.

Rescapée d'un bombardement aérien pendant la dernière guerre, l'imposante pyramide de Caïus Cestius était jusqu'alors étouffée par la présence encombrante du mur d'Aurélien. Erigée en 20 avant J.-C., elle fut achevée en 330 jours pour devenir ensuite le sépulcre de Caïus Sestius, tribun de la plèbe. Le cimetière protestant s'étend à quelques mètres de distance. Fondé en 1720, il recèle encore les tombes de Shelley et de Keats.

L'ART DE LA GRANDE MANIERE

Inutile de chercher à savoir si l'art et la pensée du Moyen Age furent ou non supérieurs aux innovations qui ont marqué la Renaissance. Seule compte la différence entre les deux périodes, ainsi que la résume l'éminent historien Federico Chabod: "Jamais l'homme du moyen âge n'osera poser comme norme théorique ce que Leon Battista Alberti définira, au milieu du XVe siècle, comme un idéal: la douceur de vivre." L'essence de cette révolution tient toute entière dans cette définition: une certaine qualité de vie. Et quelle ville, mieux que Rome, aurait pu en revendiquer l'avènement? C'est dans ces lieux, qui recélaient tant de chefs-d'oeuvre enfouis, qu'est née l'idée exaltante de chercher un modèle dans l'ère classique, la seule qui ait su élaborer un idéal de beauté.

Pour les maîtres du Cinquecento, le but à atteindre ne souffrait aucun compromis esthétique. Il fallait en premier lieu recréer, qui avec le pinceau, qui à l'aide du ciseau, les modèles classiques. Alberti cite l'histoire rapportée par Pline et Cicéron, du peintre grec Zeuxis qui, chargé de peindre Hélène pour la ville de Crotone, choisit de prendre modèle sur cinq jeunes filles, afin de s'inspirer en chacune de ce qu'elle avait de plus parfait.

Giorgio Vasari discerne deux phases successives dans la régénération de la règle classique par la Renaissance: la "belle manière" et la "grande manière". Selon lui, cette dernière serait spécifique aux artistes majeurs: Léonard de Vinci, Raphaël, Michel-Ange. Mais, alors que ces talents vigoureux brillaient au firmament de l'art romain, comment avait évolué la situation dans la Ville éternelle?

Depuis quelque temps déjà, les Romains avaient senti un changement s'opérer. Après les années noires que furent les invasions et le Bas Empire, leur ville s'apprêtait à jouir, de nouveau, de tout son prestige et de sa grandeur. Les fastes de la cour pontificale resplendissaient, en pleine connivence avec le reste de la population. Cette complicité se manifestait aussi dans une même insouciance, un même intérêt pour les nouveautés artistiques ainsi que dans un individualisme fortement affirmé.

Ce fut aussi le retour à un mode de vie décrit comme *ars-amandi*. La femme était considérée comme "une courtisane aux amours faciles et à la culture raffinée". Ludovico Beccadelli, prélat érudit et auteur d'une *Vie de Pétrarque*, n'écrivait-il pas à cette même époque: "les courtisanes sont plus utiles au monde que les nonnes"? Que ceux qui souhaitent être heureux le soient; nul n'est sûr du lendemain ...

C'est ainsi que, le plus gaiement du monde, on supprimait de la vie quotidienne tous les moments pénibles et qu'il était de bon ton, en société, de prétendre mener une existence pleine de distractions et libre de toute entrave. De ce point de vue, Rome et l'Eglise marchaient la main dans la main. Cela est si vrai que maintes courtisanes se firent construire, grâce à de généreuses donations, de somptueuses sépultures: ainsi, parmi tant d'autres, Tullia d'Aragona et Beatrice Spagnola dans l'église Sant'Agostino, et la belle Imperia, peinte dans un nu célèbre de Raphaël, enterrée dans l'église de San Gregorio al Celio. Une autre fameuse hétaïre, Béatrice de Bonis, dite la Ferrarese, a traversé benoîtement les siècles grâce au pinceau du même Raphaël qui l'a représentée dans le tableau intitulé *La Fornarina*. Et que dire de Lucrezia di Clarice surnommée "Matremainonvole" — ma mère ne veut pas — car sa mère, courtisane elle-même, lui avait appris à refuser les avances de ses séducteurs dès l'âge de douze ans? Elle tenait un salon littéraire et y recevait des hommes de l'étoffe du cardinal humaniste Pietro Bembo.

Celles qui faisaient commerce de leurs charmes occupaient une place de premier plan dans le grand livre des caisses de la papauté qui, de temps à autres, les grèvait d'impôts extraordinaires afin de construire églises et routes. Cette règlementation fiscale était bienvenue pour l'administration, car le nombre des prostituées était devenu considérable. On peut lire dans la *Descriptio Urbis*, conservée au British Museum de Londres, qu'en 1524, les péripatéticiennes domiciliées à Rome représentaient près de dix pour cent de la population qui, cette année-là, comptait 55 000 habitants. Rosa Vannozza Cattanei, maîtresse de Rodrigo Borgia et mère de César, reçut du futur pape Alexandre VI une maison où travaillaient trois courtisanes et qui avait pour enseigne "professionnelle" un coussin rouge brodé d'or et d'argent qu'on exposait à une fenêtre.

Mais Rome n'eut pas l'heur de plaire à un visiteur venu d'Allemagne, l'augustinien Martin Luther. Il

La coupole de Saint-Pierre, mi-protectrice, mi-triomphante: sa hauteur, 132 mètres croix comprise, et sa longueur, 211 mètres, en font la plus grande basilique au monde. La vue aérienne met en relief les transformations faites dans les années 30 entre le château Saint-Ange (au premier plan) et la place Saint-Pierre: naguère, s'entassait ici un fouillis de maisons petites et grandes.

Le mausolée d'Hadrien, plus connu sous son nom de château Saint-Ange, remonte à 139 de notre ère. Sa structure lui donne l'aspect d'un tambour posé sur la rive du Tibre. Son apparence étrange et sa situation insolite ont inspiré plus récemment des oeuvres de renommée internationale (entre autres, certaines scènes de Tosca, de Giacomo Puccini).

ne fut pas d'avis qu'elle représentât un retour lyrique au culte classique de la douceur de vivre. "Après l'avoir attentivement observée, Bembo, un homme docte, a dit de Rome qu'elle était le cloaque de la terre entière. Et quelqu'un a écrit: 'Tout est permis, ici, hormis l'honnêteté.' Telle une mer, Rome déverse tous les mauvais exemples de canaillerie religieuse et mondaine ... Adieu, chère Rome! Continue donc à puer et à être sordide. S'il est un enfer, Rome est au-dessus." Mais, pour Luther, tout n'est pas digne d'exécration dans ce qui le frappe à Rome. Dans un autre texte de 1510, il a même fait l'éloge de Jules II, "l'ultime goutte d'huile d'une lampe qui s'éteint", tout en lui reprochant, toutefois, son amour excessif pour les intérêts matériels.

Il a aussi un commentaire favorable pour la propreté de la ville et l'ordre policier. Puis il reprend le ton de l'invective: "Trop d'indulgence pour Saint Pierre, qui est encore à l'état de chantier chaotique; sept années d'indulgences à celui qui gravit les trente-huit marches de la basilique; éliminez cette corde que vous faites circuler comme étant celle que Judas utilisa pour se pendre, c'est un faux; il est scandaleux que le monument consacré à la papesse Jeanne soit encore debout; vendre des indulgences dans les églises de Rome pour construire le palais du Vatican est un acte simoniaque. Que le pape, dont les richesses sont aujourd'hui plus importantes que celles des plus riches Crassus, construise la basilique Saint-Pierre avec son propre argent plutôt qu'avec celui des pauvres fidèles."

Mais Jules II s'obstine à ignorer la colère du moine d'Eisleben. Le 18 avril 1506, il avait béni la pose de la première pierre de Saint-Pierre du Vatican en compagnie de Donato Bramante qui, en 1503, avait édifié sur le Janicule un petit joyau d'architecture appelé tempietto di San Pietro in Montorio. Les travaux de la nouvelle basilique furent tellement lents qu'il fallut attendre la moitié du XVIIe siècle, à la suite d'une multitude d'interventions et de modifications, pour en voir l'achèvement.

En l'espace d'une année, en 1513 et 1514, le pape et son artiste préféré, l'architecte Donato Bramante, disparaissent pour être remplacés par un autre tandem: Léon X, fils de Laurent le Magnifique, et Raffaello Sanzio, dit Raphaël, âgé de trente et un ans

mais déjà au faîte de la gloire. Au grand désappointement de tout le monde, ils ne montrent pas la même énergie que leurs prédécesseurs. Raphaël ne reste pourtant pas les bras croisés; il ne cesse de peindre frénétiquement dans les salles et les loges du Vatican. Mais nul maître d'oeuvre ne fait appel à lui sur le chantier de la basilique. La construction en est totalement arrêtée. On dirait que le pontife se contente d'embellir ce qui est déjà bâti et que l'église pourrait rester indéfiniment à l'état de projet. Et le "divin" Raphaël s'en accommode. Il utilise son génie d'architecte pour construire la villa Madame à Monte Mario, l'église Sant'Eligio sur la via Giulia, le palais Caffarelli-Vidoni, sa demeure dans le palais des Convertendi et la chapelle Chigi dans l'église Santa Maria del Popolo.

Pendant cette période, d'autres initiatives ambitieuses remodelèrent la ville sous l'impulsion de trois papes: Jules II, Léon X et Clément VII.

Pour la première de celles-ci, la construction d'une grande église prévue pour faire face à Saint-Pierre, de l'autre côté du Tibre, on commande des projets à Raphaël, Michel-Ange, Baldassare Peruzzi et Sansovino. Dénommée San Giovanni dei Fiorentini, elle doit s'élever au sommet de la via Giulia, dans un quartier à forte population toscane.

La deuxième initiative concerne la reconstruction du palais Madame, situé au centre du quartier de Sant'Eustachio et appartenant à la famille Médicis. Il est maintenant devenu le siège du Sénat. Déjà, ce bâtiment exerçait une forte attraction, surtout sur les patriciens romains qui édifièrent leur palais dans son voisinage: les Cenci, les Lante, les Caffarelli, les Massimo, les Della Valle, les Leroy.

La troisième initiative, conçue par Léon X et supervisée par Raphaël et Antonio da Sangallo, s'attaque au tissu urbain: il s'agit de percer la via Leonina pour relier par un seul axe, long de 1 200 mètres, le palais Madame à la piazza del Popolo.

Cette idée passionna tellement Clément VII qu'il donna son nom à l'artère qui joignait sur 900 mètres la piazza del Popolo à la via Capo le Case: ce fut la via Clementina. Elle existe encore de nos jours mais a été rebaptisée en via del Babuino. C'est également l'époque où on met les collines en valeur pour en faire des promontoires panoramiques. C'est alors que se bâtissent de nombreuses villas dont la villa Carafa (où se trouve actuellement le palais du Quirinal) et que les familles Capranica et Mattei s'installent sur le Palatin. Et ce projet est d'autant plus important qu'il allie des exigences décoratives à un éclatement rationnel des centres de pouvoir. Il en va de même au coeur de la ville avec la construction du palais Farnèse dans une zone qui, jusqu'à la moitié du XVIIIe siècle, eut un rôle culturel et politique qui n'était surpassé que par la cour du pape.

Les *magistri viarum* exprimaient une opinion sans appel sur tous ces bouleversements car, surtout sous Paul III, ils avaient pour tâche de contrecarrer les initiatives individuelles en créant des paramètres plus rationnels que ceux qui avaient présidé aux démolitions effectuées sous Jules II.

En 1539, Paul III fit construire sur le Palatin, pour lui-même et ses parents, les Farnèse, une résidence champêtre appelée Horti Farnesiani. Des hauteurs, on apercevait en contrebas le Forum et le Capitole, à côté duquel il avait fait bâtir la Torre Paolina, une tour carrée qui devait être abattue 350 ans plus tard lors de l'érection du monument à Victor-Emmanuel II. Paul III aimait tant le Capitole qu'il confia sa restructuration à un génie aussi infaillible que Michel-Ange. S'étant entiché de l'artiste, il lui demanda de bien vouloir mettre un point final à la construction de la basilique Saint-Pierre.

Le règne de Paul III fut une époque importante pour le renouveau de Rome. Cela est confirmé par les travaux effectués dans le Borgo, à Ponte, sur le Champ de Mars, sur l'Aventin et au Bastione Ardeatino. Tout au long de son pontificat, on compta environ 450 démolitions destinées à créer de grandes voies de communication.

Sur les photographies de Guido Alberto Rossi, nous voyons avec précision les quartiers "éventrés" par les papes de la Renaissance; ils ressemblent à la toile d'un copiste pressé d'uniformiser les pleins et les vides. Mais une toile à laquelle il manquerait, après toutes ces transformations, la touche de créativité qui existait auparavant dans le tissu urbain. On dirait une oeuvre improvisée, bâtarde; une agglomération ravagée et désordonnée où le temps et l'histoire ont laissé leur trace; l'inverse, à la fois humble et orgueilleux, des planifications géométriques qui portent la marque du pouvoir.

Située à quatre cents mètres du Tibre et deux kilomètres à vol d'oiseau du Vatican, la villa Giulia respire encore une atmosphère de dolce farniente *que lui procure son splendide isolement. C'est précisément ce qu'avait voulu le pape Jules III pour cette résidence champêtre. Bartolomeo Ammannati y a laissé de séduisantes sculptures de femmes nues qui témoignent de la foi naturaliste de ce pontife.*

A gauche: *Ici, le Tibre parvient à démêler l'ancien tissu urbain. La masse blanche du palais de justice domine au milieu, dans les Prati di Castello. Dessiné par Calderini, il s'affaisse dangereusement de tout son poids de pierre sur la terre meuble des rives du Tibre. Les Romains n'ont jamais complètement accepté cette carapace de travertin. Depuis toujours, ils l'appellent avec mépris "el Palazzaccio".*

Ci-dessus: *L'imposant mausolée d'Auguste semble comme escamoté aujourd'hui dans le paysage de la Rome Classique. Même les guides touristiques semblent ignorer cette ruine — l'ultime agression dont elle a été la victime porte la maque des urbanistes mussoliniens de la période 1930–40.*

La piste de la piazza di Sienna se détache sur la silhouette sombre de la villa Borghèse, à quelques centaines de mètres de l'étourdissante via Veneto. Elle est le cadre traditionnel et privilégié de cérémonies militaires ainsi que d'un important concours hippique de niveau international.

C'est sur ce terrain qui avait si bien séduit Charles VIII qu'il l'avait acheté, que le Florentin Annibale Lippi construisit en 1544 la villa Médicis pour le compte du cardinal Ricci di Montepulciano. Celui-ci appréciait l'air frais de cette colline, jadis habitée par les Pincio. L'édifice passera aux Médicis puis à la France et, par un édit, Napoléon y installera l'Académie de France à Rome. Edmond About a écrit à son propos: "Si nous en croyons la tradition, Galilée y fut enfermé; et la prison du grand astronome est merveilleusement située. Je souhaite une telle prison à tous les martyrs de la vérité."

La proximité de la villa Pamphili rend encore plus imposant l'accès de la porta San Pancrazio. C'est autour de ses talus que Garibaldi prit position, dans la nuit du 2 au 3 juin 1849, lors d'un assaut des troupes du général Oudinot.

Un véritable bijou architectural, dans la Villa Doria-Pamphili: le plus grand parc public de Rome situé à trois cent mètres de la porte San Pancrazio. Dans ce cadre qui marie l'art et la nature ont lieu d'importantes conférences politiques internationales.

La villa Albani: son année de naissance — 1763; son architecte — Carlo Marchionni, pour le compte du cardinal Alessandro Albani. Marchionni l'avait conçue divisée en trois parties: au centre, un jardin à l'italienne; sur le versant nord-ouest, la villa à arcades; et sur le versant opposé, une exèdre avec un pavillon. A gauche, un jardin parsemé de boqueteaux et, à droite, des potagers et des vignes. Giovan Battista Nolli, le plus grand cartographe romain, établit à la même époque une liste de 127 villas, dont 99 dans l'enceinte de la ville.

C'est sur la colline du Capitole, autrefois dénommée le mont de Saturne, que l'idée de jeter un pont entre la nouvelle culture et ce qu'on pouvait sauver de l'Antiquité prit son essor à la Renaissance. Michel-Ange en redessina la place et y transféra en 1538 la statue équestre de Marc Aurèle qui était exposée au Latran depuis 1350.

Le président de Brosses a écrit: "La plus belle partie de Rome à mon gré, ce sont les fontaines; celle de la place Navone est de tout ce que j'ai vu dans mon voyage, ce qui m'a le plus frappé."

C'est aussi la place qui, plus que toute autre, rassemble les véritables habitants de Rome. C'est ici, plus que dans tout autre partie de la ville ancienne, que se manifeste le caractère authentique du Romain de vieille souche. Ennio Flaiano écrivait que c'est ici qu'on trouve la langue d'un peuple qui ne se préoccupe guère de plaire à autrui. C'est le lieu d'élection de l'insolence soudaine, de la raillerie grinçante, qui vise sa cible avec la nonchalance sévère d'un juge vénérable.

DEUX ARTISTES POUR UN STYLE

"Il résulte de cette observation que Rome est six fois moins peuplée que Paris et sept fois moins que Londres ... elle n'a ni vaisseaux, ni manufactures, ni trafic. Il est vrai que depuis le pontificat de Jules II et de Léon X, Rome a été le centre des beaux-arts, jusqu'au milieu du dernier siècle; mais bientôt, dans quelques-uns, elle fut égalée, et dans d'autres surpassée par notre capitale. ... Les palais si vantés de Rome sont inégalement beaux, et généralement mal entretenus; la plupart des maisons des particuliers sont misérables. ... La ville, qui fourmille d'églises et de couvents, est presque déserte à l'orient et au midi. ... Ainsi, l'on a eu raison de dire que les sept collines de Rome, qui faisaient autrefois sa décoration, ne lui servent plus que de tombeaux."

Ainsi l'*Encyclopédie* de Diderot et d'Alembert décrivait-elle la ville au XVIIIᵉ siècle. Définition, aussi lapidaire qu'une épitaphe ... Même exagérée, une telle description recouvre une réalité que décrit aussi fort bien Paolo Portoghesi — un auteur qui a établi sa renommée par le sérieux de ses études sur Rome à cette période de son histoire . Dans son essai *Roma Barocca*, il écrit: "Dès l'époque de son renouveau, au XVᵉ siècle, la ville des papes était devenue ... une sorte de gigantesque spectacle historique où toute une population hétérogène jouait quotidiennement la comédie, sans avoir pour autant la cohésion et la force politique d'une communauté." Pour toute possibilité de changements de projets nouveaux, Rome attendait avec résignation l'avènement d'un nouveau pape.

La période comprise entre 1650 et 1730 est marquée par diverses tentatives visant à renverser l'ordre classique et à imposer une autre conception de l'espace. Peut-être s'agissait-il aussi de réviser la notion de temps car urbanistes et architectes ne mirent guère de hâte à mener à bien les travaux de rénovation urbanistique qui leur étaient confiés: vingt-cinq ans s'écoulèrent entre le début du percement de la via Ripetta et la finition de la via Condotti, et il en a fallu tout autant entre la modernisation de la strada Pia et l'inauguration de la strada Felice.

Tout vint des papes qui, de Nicolas V à Pie VI, eurent le désir grandiose d'effacer la Rome médiévale pour édifier à sa place une ville marquée d'abord par la Renaissance, puis par le baroque. Leur volonté ne s'embarrassa pas de scrupules, si l'on considère les ravages que subirent les monuments existants. La naissance du baroque signifie l'affirmation d'une "vision essentielle de l'expérience humaine, la mise en marche d'un mouvement perpétuel pour lequel toute accalmie ne doit être qu'une pause fugace". Elle est l'expression d'une joie fervente, d'un instant privilégié de bonheur qu'il convient de saisir à tout prix.

Gian Lorenzo Bernini, dit le Cavalier Bernin, résume en quelques mots l'inspiration qui guide son art de sculpteur: "Le plus beau moment que l'on puisse choisir pour la bouche, c'est lorsqu'on finit de parler ou que l'on commence." Ou encore: "Il importe d'avoir l'oeil pour saisir les contrastes; car les choses n'apparaissent pas seulement telles qu'elles sont mais aussi par rapport à ce qui leur est proche et qui change leur apparence." Le Bernin n'a aucune difficulté à trouver des "compagnons de voyage", ces éléments naturels qui l'aident dans sa tâche, lorsqu'il réalise une multitude d'oeuvres dans la ville de Rome. Littéralement fasciné par le spectacle de l'eau ("les eaux font le plus grand bien à mon esprit"), il invente les trouées métalliques dans le garde-corps du pont Saint-Ange, afin que les passants puissent admirer le Tibre en contrebas. Il crée aussi un véritable théâtre d'eau place Navone avec la fontaine des quatres fleuves qui fécondent les quatre parties du monde, Nil, Gange, Danube, Rio de la Plata. La place fut longtemps une promenade aquatique ou venaient se rafraîchir les nobles Romains aux heures chaudes de l'été.

Le travertin romain, qu'on extrait des collines de Tivoli, s'adapte aussi parfaitement aux intuitions de l'artiste qui perçoit des frémissements irrépressibles dans cette rugosité rébarbative, dans ces taches d'un vert proche de la moisissure et d'un marron hérité de la terre volcanique. Et les couches les plus modestes de la population se montrent aussi sensibles à son art que les personnes les plus cultivées; car il est indéniable que le Baroque est l'expression d'une culture authentiquement romaine. Le Bernin est le premier à s'en rendre compte qui écrit: "A Rome si certains critiques sont injustes, le public lui ne l'est pas."

Sans la moindre hésitation, le public fait siennes les innovations architecturales les plus révolutionnaires d'artistes tels que le Bernin ou Borromini; il découvre avec eux la qualité de l'espace et les perspectives

Le coucher de soleil sur la coupole de San Carlo al Corso semble vouloir redonner toute sa superbe à cette église située au coeur de la ville marchande et mondaine, à deux pas d'un grand hôtel de la via del Corso et presque face à la très élégante via Condotti.

La place Saint-Pierre et le Palais apostolique des Papes goûtent à nouveau silence et solitude, après la bousculade de la journée. Le crépuscule, une heure magique pour le quartier le plus touristique de Rome; avant que la ville ne s'éveille de nouveau avec les lumières de la nuit, les prêtres "préposés au tourisme" retrouvent la paix dans la réflexion et la prière.

inédites qu'elle ouvrait. Les témoins de l'époque bénéficiaient d'une multitude de points d'observation pour apprécier pleinement les nouveaux aménagements urbains. Grâce à quelques artistes de génie, les habitants recommencent alors à apprécier leur propre ville et à parler d'une "culture visuelle du baroque". Michel-Ange par exemple avait déjà fait du Capitole et de Saint-Pierre des centres d'intérêt qui attiraient le regard grâce à une organisation de l'espace faite de perspectives profondes, en rupture avec le classicisme statique de la Renaissance.

Ces réformes urbaines exprimaient les aspirations profondes des papes, les véritables maîtres de Rome. Elles révélaient aussi un calcul politique dont Sixte VI et Grégoire XIII furent les grands artisans. Il fallait que la ville porte la trace tangible du prosélytisme de l'Eglise; les grandes artères qui reliaient les basiliques les unes aux autres devaient servir ce propos. Elles devenaient le théâtre d'interminables processions qui impressionnaient inévitablement les riches pèlerins venus de l'étranger.

En même temps qu'elle se prête à ce maquillage, Rome revêt les atours triomphants de la Contre-Réforme que lui prépare le Cavalier Bernin. Tous les pontifes voulurent se servir de son oeuvre: Paul V, Grégoire XV, Urbain VIII (qui fut son plus grand protecteur), Innocent X (qui, pendant quelque temps, lui préféra Borromini), Alexandre VII et Clément X. Et Gian Lorenzo Bernini était un artiste passionnel et polymorphe, comme le voulait l'idéal du XVIIe siècle. Il regretta toujours de n'être jamais parvenu à égaler l'habileté du Caravage, mort en 1610 dont les oeuvres exposées dans les églises Saint Louis des Français et Santa Maria del Popolo suscitaient déjà l'admiration des Romains.

Les deux artistes avaient assurément une idée en commun: l'art devait être, avant tout, l'expression immédiate de son sujet. Mais la sculpture et l'architecture ne laissaient guère au Bernin le loisir de la peinture. Son oeuvre majeure, la colonnade de la place Saint-Pierre, lui permettra d'introduire une innovation sans précédent: les 284 colonnes toscanes épousent autant l'intérieur que l'extérieur du mouvement elliptique, comme pour symboliser l'inévitable mariage entre l'église et la cité. Il écrivit lui-même que cette accolade, ce tête-à-tête éternel, devait montrer

que la Mère de l'Eglise "recevait à bras ouverts et maternellement les catholiques pour les conforter dans leur foi, les hérétiques pour les réunir à l'Eglise et les infidèles pour les éclairer."

Mais Saint-Pierre recèle d'autres de ses chefs d'oeuvre qui y complétent son triomphe: le Baldaquin que lui avait commandé Urbain VIII, la majestueuse chaire de Saint-Pierre demandée par Alexandre VII, le monument funéraire d'Urbain VIII, l'Extase de Sainte-Thérèse, l'escalier de la Scala Regia. Le 15 octobre 1665, il répondit en ces termes à ceux qui voulaient le retenir à Paris pour qu'il y construise le Louvre: "Il me faut m'en aller; j'ai des enfants qui m'attendent à Rome et que je ne peux faire venir à Paris: la cathédrale Saint-Pierre, la colonnade ..."

Le XVIIe siècle romain résonne de la rivalité entre le Bernin et Borromini, pour le plus grand bonheur de la Ville éternelle. Alors que le premier privilégie l'extraversion et la pompe en recourant aux matériaux les plus nobles tels que le bronze, le marbre ou le travertin, le second se montre plus intimiste, plus proche de la vie ascétique des ordres monastiques et de l'essence du christianisme primitif; il préfère des matériaux plus simples tels que la brique et le plâtre que son génie débordant sait magnifier — sa recherche prenait le contrepied de la monumentalité. D'un caractère sombre et angoissé, Borronimi chercha avant tout dans son art à exprimer la rigueur et la sobriété et il reprochait volontiers au Bernin l'exhubérance, l'excès de flamboyance de son style. Sa fin tragique a lieu le 12 août 1667, alors que son grand rival ne s'éteindra qu'en 1680. Victime d'une crise de nerfs, Francesco Borromini se tue avec sa propre épée.

Le Bernin et Borromini ne firent pas que construire des églises et les ornementer. Sur leurs noms se formèrent aussi des chapelles. Leur opposition bouleversa Rome et la divisa en deux partis adverses. Les polémiques prirent des dimensions considérables et souvent exagérées. Les partisans de Borromini allèrent même jusqu'à répandre le bruit qu'en fait ce serait lui l'auteur du Baldaquin de Saint-Pierre ...

Mais l'oeuvre qu'il a laissée ne laisse aucun doute sur sa valeur: le couvent et l'église Saint-Charles-aux-Quatre-Fontaines, l'oratoire des Philippins et l'église Sainte-Yves-de-la-Sapience avec son lanternon en spirale, l'aménagement de Saint-Jean-de-Latran, l'église Saint-Agnès, place Navone, la campanile de Sant'Andrea delle Fratto, l'église Santa Lucia in Selci, le palais d'Espagne, et la galerie à perspective accentuée du palais Spada qui est en soi un chef-d'oeuvre d'illusion visuelle.

Bien d'autres architectes et sculpteurs ont aussi laissé leur empreinte dans les églises et sur les places de la Rome baroque; il suffit de citer les noms de Pietro da Cortona, Carlo Rainaldi (à qui l'on doit l'aménagement des deux églises de la piazza del Popolo), Carlo Maderno, Alessandro Algardi ou Carlo Fontana, Giacomo Della Porta, Flaminio Ponzo (l'architecte préféré des Borghese, l'auteur de la fontaine Pauline).

Nombre de rues sont bordées par des monuments de cette époque, dont celles qui partent de la piazza del Popolo et rejoignent la via Sistina en face de l'église de Sainte-Marie-Majeure. La via Sistina, fut percée en 1585 par Sixte V.

Ce pape est resté singulièrement présent dans la mémoire des Romains; non pas parce qu'il avait confié les travaux d'urbanisme à Domenico Fontana (à qui l'on doit l'aqueduc de l'Acqua Felice, le Borgo Felice, l'obélisque de la place Saint-Pierre et l'achèvement de la coupole de la basilique), mais à cause de son inflexible intransigeance qui l'éloigna toujours des compromisions. On raconte en effet qu'ayant appris qu'un crucifix s'était mis à saigner dans une église, ce pape un peu devin (c'était la qualité qu'on lui préférait) y fit irruption et, devant la foule interloquée, fracassa le symbole sacrée en hurlant: "Je t'adore en tant que Jésus Christ, je te brise en tant que bois!" Et il avait sans aucun doute raison puisque le bedeau y avait dissimulé une éponge imprégnée d'eau rougie afin de recevoir les oboles des fidèles trop crédules.

Et c'est depuis ce jour qu'on dit à Rome à propos d'une personne par trop méfiante: "Le pape Sixte ne pardonne même pas au Christ." Ce qui est une façon de rendre hommage à la clairvoyance qu'on attend de ses dirigeants. Ainsi que de ceux qui ont les pieds sur terre et sont bien décidés à se faire respecter. Ce ne fut pas le cas, plus tard, tout au long du XVIIIe siècle, de ceux qu'on affubla du sobriquet, aux sonorités si romaines, de "cazzabubboli", les "sagouins", et qui ne furent que de médiocres imitateurs du Bernin et de Borromini, âbimant églises et palais romains par des ajouts d'un baroquisme affecté et décadent.

Il a fallu un siècle et trois papes (Paul III, Pie V et Urbain VIII, de 1534 à 1644) pour fortifier les murs qui entourent la citadelle du Vatican. Sans oublier Léon IV, le pontife qui, en 851, fit ériger la première enceinte, baptisée Cité Léonine.

Perspective de la basilique Saint-Pierre: via della Conciliazione, l'extrémité du château Saint-Ange et, au-delà, le Palais de Justice.

Saint-Pierre enlacé par les 284 colonnes de Bernini. La place fut achevée en 1667. Au centre l'obélisque taillé a Héliopolis au Ier siècle avant J.-C. Il fut apporté à Rome en 37 sur ordre de Caligula. Il mesure 26 mètres de hauteur.

Tous les visiteurs, sans exception, se sentent partie prenante de ces crépuscules empreints d'une couleur ambrée. Les escaliers de l'église de la Trinité-des-Monts dévalent jusqu'à la via Condotti: un ruisseau d'apparence étroite. Au déclin du jour, des lumières insoupçonnables la traversent en tombant des toits et des venelles adjacentes.

La façade dessinée au XVIe siècle par Carlo Maderno semble appeler de ses voeux la synthèse de ces deux pôles de la chrétienté qui furent si chers au pape Sixte V: Santa Maria Maggiore et Santa Maria del Popolo. En bas de l'escalier, les éventaires et les boutiques de luxe ont de tout temps attiré esthétes et riches clients du monde entier.

La piazza di Spagna donne l'impression d'accueillir depuis toujours sur ses marches les mêmes visiteurs qui se blottissent sur cette pierre poreuse dont ils se font un divan. Charles Dickens écrit à ce propos: "La première fois que je suis passé par là, je ne parvenais pas à m'expliquer pourquoi ces visages me paraissaient si familiers. Ce n'est que plus tard que je me suis aperçu que je les avais contemplés pendant des années dans les tableaux de maintes expositions. Par exemple, ce vieillard aux longs cheveux blancs … modèle classique de l'homme vénérable ou du patriarche, et cet autre, qui feint d'être endormi au soleil, … il représente l'oisiveté. Quant aux modèles pour une Sainte Famille, il y en a une multitude sur cet escalier, et ils sont tous à bon marché."

Conçue depuis toujours comme un lieu de passage entre les quartiers les plus industrieux de Rome, la piazza del Popolo que "surveillent" deux églises jumelles (Santa Maria di Montesanto et Santa Maria dei Miracoli) exhibe aux regards des touristes huit siècles d'activités artistiques. Nombreux sont les artistes qui y ont laissé leur empreinte: Sansovino, Bramante, Raphaël, Manetti, le Bernin et Valadier.

Qui aurait pu jadis imaginer que la via del Corso, qui a porté le nom de via Lata, deviendrait par sa longueur, son importance et son architecture agréablement rationnelle, une sorte de Fifth Avenue européenne? On peut considérer à bon droit les palais qui la bordent comme les remparts stratégiques de la vieille Rome.

On doit l'idée de ces églises "jumelles" à Carlo Rainaldi, architecte du milieu du XVIIe siècle, qui voulait ainsi conférer une plus grande majesté au nouvel ordre urbain de Rome. La position stratégique des deux églises leur a, par ailleurs, permis d'être témoins des victoires sportives et des explosions de joie qui les saluent sur la piazza del Popolo.

Dépourvu de vestiges historiques, le tracé ombragé du corso Vittorio Emmanuele II est régulièrement emprunté, grâce à sa situation stratégique, par tous ceux qui travaillent dans le domaine des affaires ou de la politique. Tel que nous le voyons actuellement, il a été percé entre 1880 et 1890 au milieu de vieux quartiers datant de la Renaissance.

Victime de démolitions successives depuis le siècle dernier, à la suite des différents plans d'occupation des sols, la zone qui comprend les anciens quartiers Ponte, Regola et Parione n'a plus grand-chose de commun avec l'aspect qu'elle avait hérité de la Renaissance. Quelques centaines de modestes ateliers, précieux témoignages de la créativité traditionnelle de l'artisanat romain, ont seuls survécu.

Vue d'en haut, la fontaine de la piazza della Rotonda est comparable à un napperon, une broderie délicate et gracieuse, une alternance de plans inclinés et horizontaux qui se succèdent entre les cinq marches et le bassin. Commandée par un pape de la famille des Albani, Clément XI, elle fut construite en 1575 par Giacomo Della Porta qui fut secondé, pour les sculptures, par Filippo Barigioni et Vincenzo Felici. A la gauche du Panthéon, on peut admirer le palais Madame, construit en 1500 par les Médicis. Autrefois résidence de Madame Marguerite d'Autriche puis de la puissante famille des Crescenzi, il est aujourd'hui le siège du Sénat.

La fontaine de la Barcaccia sur la place d'Espagne. Avec la celle de Trevi c'est la plus connue des fontaines de Rome. Les artistes en ont fait depuis longtemps un lieu de rendez-vous et c'est pour les visiteurs un arrêt obligatoire dans les circuits touristiques de la ville. La fontaine fut construite en 1629. On l'attribue à Pietro Bernini, le père du célèbre Cavalier Bernin.

A la fois somptueuse chorégraphie minérale et expression d'une culture et d'une idéologie voulues par son auteur, Nicola Salvi, la fontaine de Trevi suscite l'admiration des visiteurs depuis l'année de sa mise en service, en 1762. Plaquée contre la façade majestueuse du palais Poli, elle représente, selon les termes même de Salvi, "l'immense masse visible de l'eau marine qui, en heurtant à maintes reprises au cours de sa chute les saillies des roches, rebondit dans les airs sous la forme de blanche écume pour finir par s'écouler en ruisseaux le long des rochers ..."

L'"encombrante" proximité de la basilique de Maxence n'a pas empêché l'église Santa Francesca Romana d'acquérir une certaine notoriété. Elle recèle les deux pierres sur lesquelles saint Pierre s'est agenouillé pour prononcer l'oraison qui provoqua la chute de Simon le Magicien.

Alternance de terrasses et d'antennes de télévision dans le quartier Trionfale, au pied du Monte Mario. Les fers de lance des nouveaux médias rompent le rythme silencieux d'un quartier orgueilleux dans sa modestie.

Autrefois, les opposants au pouvoir royal parlaient de ce grand espace vert comme du "jardinet privé du roi". Aujourd'hui, le "jardinet" est devenu le jardin du Quirinal, siège de la présidence de la République, le lieu où, à l'occasion de la Fête de la République, se réunissent les personnalités de l'art, du spectacle, du monde du travail et de la politique.

On dirait que la vie politique de la cité est liée à la piazza Montecitorio, une modeste colline artificielle qui est le fruit de l'accumulation de déchets et de ruines classiques. C'est là que siège la Chambre des Députés. Son étymologie nous éclaire. Mons Citatorius: cela veut dire qu'on y votait déjà il y a deux mille ans. Mais, sous sa forme actuelle, le bâtiment est lié à un événement précis. C'est le pape Innocent X qui le commanda au Bernin pour célébrer le mariage de sa nièce avec le prince Ludovisi.

Le Musée National Romain, sanctuaire assiégé par la société de consommation. Il est abrité dans un ancien cloître situé derrière la Piazza dell'Esedra, à moins d'un kilomètre du chaos de la gare Termini. Encerclés par une circulation et un bruit incessants, les trésors innombrables qu'il abrite proviennent de fouilles effectuées à Rome et dans le Latium.

L' île du Tibre se prévaut d'une certaine indépendance, toute symbolique. De tradition templière, ce lieu, relié au quartier populaire du Trastevere, s'enracine dans la légende de Rome grâce à l'église San Bartolomeo (Xe siècle). Elle est en effet bâtie sur l'emplacement du temple d'Esculape (289 avant J.-C.) à côté duquel on accueillait les vieillards et les malades.

La porta Pia fut érigée à la place de la porta Nomentana entre 1561 et 1565. Elle jouit d'une grande popularité depuis que les troupes italiennes sont entrées dans Rome le 20 septembre 1870 en profitant de la "brèche de la porta Pia."

A proximité de la basilique Saint-Jean-de-Latran se trouve, sans aucun doute, le plus haut des treize obélisques que recèle Rome: il mesure 31 mètres et 47 centimètres.

L'Arc de Septime Sévère se détache au delà de l'église de San Pietro in Vincoli, sur le côté septentrional du Forum Romain: véritable refuge contre la circulation assourdissante de la via dei Fori Imperiali qu'on entrevoit en haut de la photo.

Un témoignage, parmi d'autres, de la façon dont l'Eglise a voulu, particulièrement aux XVIIe et XVIIIe siècle, affirmer sa présence au milieu des vestiges du monde classique. En bas à gauche l'extrémité du Forum de Trajan.

Majestueuse, la basilique Sainte-Marie-Majeure trône sur l'Esquilin. Elle est chargée de souvenirs, dont beaucoup sont tragiques. Dans les premières années du IVe siècle, le pape Libère Ier déclara aux fidèles que la Vierge lui avait ordonné d'élever, à l'emplacement de la colline que la neige avait miraculeusement recouvert au mois d'août, une église du nom de Notre-Dame-des-Neiges.

Son campanile, construit en 1377, est le plus haut de Rome. C'est sur son parvis que furent brûlés les livres des hérétiques. C'est là que le pape Damase 1er fit lapider les rebelles d'Ursinus. Cola di Rienzo y fut couronné empereur …

Vieille de plus de quinze siècles, Santa Maria Maggiore, quatrième basilique patriarcale romaine, a abrité dès ses origines des trésors artistiques et même des pierres précieuses d'une immense valeur. Autant de trésors qui ont abouti, plus tard, dans différents hauts lieux du catholicisme romain. Admirable entre tous, la crèche sculptée par Arnolfo di Cambio dont une partie se trouve aujourd'hui dans la Chapelle Sixtine, au Vatican.

LA DOLCE ROMA

La Rome "de la politique", la Rome "des embouteillages", la Rome "du pape"... Il peut sembler injuste de cataloguer aujourd'hui une ville, vieille de plusieurs millénaires, à l'aide de tels clichés. C'est un peu comme agresser une dame âgée qui n'aurait plus ni l'envie ni les moyens de se défendre.

Et pourtant il faudrait être bien fanatique ou aveugle pour ne pas reconnaître une certaine réalité à ces qualificatifs! Aussi fanatique peut-être que cette majorité de Romains qui, depuis un demi-siècle, a donné son coeur aux deux équipes de football de la capitale: la Roma et la Lazio.

Tous les dimanches 40000 supporters s'enferment dans le stade olympique pour donner libre cours à leur passion, leurs émotions, leur agressivité. Pour fortuite qu'elle soit, cette référence moderne aux jeux de la Rome antique est symptomatique de l'éternelle "légèreté d'esprit" qui règne partout ici. Grâce à cette constante souplesse, à cette permanente faculté d'adaptation la métropole en est venue à ressembler à l'un de ces ports de mer tel New-York dont les infrastructures éclatées reçoivent tous ceux qui y abordent.

Des milliers d'étrangers en viennent à improviser, dans ce grand théâtre de la vie, les même métiers et les mêmes rôles qu'exerçaient les Romains, deux siècles avant eux. Les petits métiers, les marchands ambulants sont des constantes universelles, mais Rome reste le cadre idéal pour de telles activités, pittoresques, à la fois prospères et misérables.

La gare Termini n'est pas seulement un carrefour pour les banlieusards qui, habitant parfois à cent kilomètres de Rome, se lèvent chaque matin à l'aube; elle est aussi, et surtout, le lieu de toutes les mélancolies, un mélange confus de projets éteints, d'utopies jamais réalisées, de vagues nostalgies. Les couleurs, même, y ont "les tonalités de l'âme triste". Pourtant, la capitale fleure bon la politique, les mondanités et cette *dolce vita* qu'a exaltée Fellini dans les années 60, celle-là même qui renait aujourd'hui, par la grâce de la reprise économique.

Mais la ville est surtout la réalisation triomphale de son histoire, la ville de deux souverainetés: celle de Dieu et celle des hommes symbolisée dans cette ambiguïté. Le pouvoir temporel des papes, a divisé la ville en deux parties étroitement dépendantes l'une de l'autre, comme les deux vases communiquants du pouvoir. Et le pouvoir ne se privait pas de commettre des actions qui mettaient en évidence aussi bien ses aspects positifs que négatifs.

La contestation du pouvoir temporel des papes s'est manifesté à partir de 1870 — les attaques se situèrent non seulement à un niveau politique mais aussi sur le plan intellectuel car Rome était alors considérée comme le creuset de toutes les tyrannies, de tous les préjugés et de tous les arbitraires. En 1871, Rome devenait la capitale de l'Italie. Le roi, les ministres, le parlement vinrent y établir leur résidence — le pouvoir politique s'ancrait dans la ville.

Aujourd'hui, la puissance de Rome se manifeste, en grande partie, dans son urbanisme et dans l'influence que celui-ci exerce sur ceux qui y vivent. Ce sentiment de puissance, que la tradition nous a transmis, nait de la construction, à partir de 1871, des nouveaux édifices qui devaient faire de Rome une ville fonctionnelle. Le ministre Quintino Sella et le maire Luigi Pianciani réquisitionnèrent les bâtiments ecclésiastiques pour les livrer à la bureaucratie. Puis ce fut le tour du Tibre: le fleuve historique ne pouvait pas se dérober aux nouveaux enjeux stratégiques. On construisit de nouveaux ponts afin de rendre plus accessibles des quartiers encore très peu fréquentés et inexploités. Par respect ou par opportunisme, on donna à ces artères logistiques les noms des membres de la famille royale — Victor-Emmanuel, Humberto, Margherita — ou de personnalités qui avaient contribué à l'unification de la patrie — Giuseppe Garibaldi et Camillo Benso, comte de Cavour.

Quelques dizaines d'années plus tard, en plein XXe siècle, le tissu urbain devait soudain affronter les coups de boutoir du fascisme. Les réflexes nostalgiques de la romanité impériale l'emportèrent sur les gracieuses constructions du début du siècle et teignirent d'une blancheur inquiétante les monolithiques marottes architecturales de Benito Mussolini. Une multitude de monuments fascistes firent leur apparition. C'est de cette période que date la construction de l'actuel quartier de l'EUR, qui devait servir de cadre à l'Exposition Universelle de 1942.

Une fois de plus, le poids du pouvoir infléchissait l'architecture de Rome, pour qui s'ouvrait alors une ère nouvelle fondée sur le colonialisme et la dictature.

Ce "palais de verre" a été conçu comme un grand ensemble industriel. Semblable à bien des égards au siège new-yorkais de l'ONU, le bâtiment de l'ENI (l'Agence nationale des hydrocarbures) contrôle, en se reflétant dans le lac en contrebas, le bon déroulement des activités économiques de Rome.

Avec son ton monochrome et son architecture envahissante, le palais des Congrès, voulu par Mussolini pour l'Exposition universelle de 1942, contraste violemment avec la Rome traditionnelle. Il constitue l'un des symboles de cette "ville satellite" qu'on nomme EUR (Exposition Universelle de Rome).

Au sortir de la guerre, Rome réagit avec la pugnacité qu'on pouvait attendre d'une ville qui avait su charrier les cent mille mètres cubes de travertin du Colisée. Mais les temps étaient durs et l'époque fut alors moins généreuse envers les bâtisseurs.

Puis soudain, une conjoncture singulière provoqua le boum économique et, pour la première fois de son histoire, Rome connut enfin le bien-être, la gaieté, la productivité et un optimisme effréné. La via Veneto s'affirma comme l'équivalent méridional des Champs-Elysées parisiens et, été comme hiver, elle prit l'apparence d'un salon à ciel ouvert où il fallait paraître. Tout ce que Rome produisait de plus intéressant, cinéma, littérature, haute-couture ou sport, devait se soumettre à la dictature de cette artère.

Une saine folie tenait le haut du pavé, étayée par le souvenir rassurant des excès d'Auguste et de tous ses imitateurs. On retrouvait dans la "Dolce Vita" de Federico Fellini le mythe des jeux et des plaisirs anciens, le goût ludique de bien des empereurs.

"C'était bien trop facile!" grondent encore les *palazzinari* de l'époque (c'est le terme d'argot par lequel on désignait les promoteurs immobiliers qui spéculaient alors sur des zones qu'on considérait à l'époque comme périphériques et qui sont à présent devenus des quartiers presque centraux).

Et le romancier Guido Piovene ne se trompait pas lorsqu'il disait de Rome qu'elle était "un mélange très spécial". Le brassage architectural, ethnique et commercial qui en a résulté évoque l'idée d'un patrimoine ou d'un testament condamné à demeurer éternellement enfermé dans l'enveloppe qui le contient.

Il serait par trop rhétorique de rappeler la présence spirituelle d'une multitude de personnages, trop peut-être, qui ont ennobli Rome en même temps qu'ils s'ennoblissaient à son contact et dont le nom est lié pour toujours à son histoire et à sa légende.

Inutile aussi d'évoquer les grandes constantes de cette ville: sa simplicité et cette très naturelle indolence qui lui a permis de s'assoupir pour ne pas avoir à trop souffrir dans les moments ingrats.

Pour le lecteur, pour l'observateur, pour le visiteur de passage, Rome semble condamner à rester avant tout la Rome "de la politique", la Rome "du pape", la Rome "des embouteillages".

Après tout, y a-t-il un mal à cela?

PALAZZO DEI CONGRESSI
INA
INA

Le siège de la FAO, à la limite de la Promenade archéologique et du Palatin. Pourquoi à Rome? Sans doute parce que c'est dans la capitale italienne que l'intensification des relations Nord-Sud est la plus évidente. Elle a pour objectif d'intervenir en faveur des pays sous-alimentés et de rationnaliser les rendements agricoles dans le tiers monde.

Le Palais de la Civilisation du Travail, à l'EUR, peut apparaître comme un plagiat des jeux d'arcades chers aux anciens romains. Mais, au fur et à mesure que les années passent, il se révèle être tout autre chose: un décor géométrique parfait pour la prise de photos de mode ou les expositions d'automobiles, un paysage de marbre à usage presqu'exclusivement publicitaire.

Le quartier résidentiel de l'EUR s'est superposé au projet d'origine qui prévoyait seulement un ensemble de monuments, l'E42. L'EUR demeure le seul exemple de "satellite fonctionnel" construit à Rome après la Seconde Guerre Mondiale, même si les habitants du quartier sont les premiers à sourire de la lourde solennité des bâtiments qui ont survécu à l'époque fasciste.

Le caractère indolent des Romains est tel que le chaos que crée la circulation ne les émeut guère. Cet embouteillage dans le quartier de San Giovanni est un phénomène normal qui dure quatorze heures par jour. Les automobilistes sont calmes et résignés: le travail peut attendre.

A l'origine, le pont Cavour devait permettre de désengorger la circulation entre les quartiers qui entourent le Vatican et le centre commercial, sur l'autre rive du Tibre. Mais il a provoqué la destruction du port du Ripetta, à la fois utile et pittoresque, auquel on reprochait de n'être pas fiable à cause des fréquentes crues du fleuve. Septième en partant du ponte Flaminio, cet ouvrage qui porte le nom du comte de Cavour sert de trait d'union entre le quartier de Prati et le Corso. Les amateurs de canotage et ceux qui viennent passer le week-end sur les eaux mordorées du Tibre s'entassent encore par centaines sur les pontons en contrebas.

Dans une longue enquête publiée par l'hebdomadaire Venerdí, *le journaliste Paolo Guzzanti écrit: "Une ville mystérieuse, ethniquement composite, se développe maintenant autour de la gare Termini. Des noirs qui ne savent que faire et qui restent pendant des heures appuyés aux voitures en stationnement … Chaque jour, des cars y affluent, chargés d'exilés polonais, d'enfants transis, de paniers, de valises. Quelque chose qui évoque New York au début du siècle …"*

La porta San Giovanni constitue l'unique entrée de Rome lorsqu'on passe par la via Appia Nuova. On aperçoit la via Sannio à gauche de la photo. A la fois marché aux puces et friperie, elle ne peut cependant rivaliser avec la porta Portese.

Ondine, Océanine, Néréide et Naïade; ce sont les noms qui se détachent dans le "scandale" de la fontaine de la piazza Esedra, construite en 1901 par Rutelli. A l'époque, ces quatre tableaux vivants aux appétissantes nudités ont divisé la ville en deux camps. Pour ou contre ces nus "évocateurs"? Le oui l'emporta, pour notre plus grand bonheur. Les quatre florissants modèles originaires d'Anticoli (village de la Ciociaria qui a fourni bien d'autres grâces aux artistes de l'époque) sourient encore, tout à leur insolente joie de vivre, en direction des touristes qui débarquent non loin de là, à la gare Termini.

La colonne de la piazza di Spagna, une vieille colonne de cipolin, un dogme (celui de l'Immaculée Conception), une date pour le célébrer (le 8 décembre 1856) ; voici les éléments, inséparables les uns des autres, qui font chaque année se presser sur la piazza di Spagna le peuple catholique, venu vénérer la mère du Christ et le saint pontife.

On dirait que la symétrie anguleuse de ces maisons vieilles de moins d'un siècle, qui jure avec la ville ancienne de l'autre côté du Tibre, a été inventée par quelque parti hostile à Rome. Et pourtant, les intarissables urbanistes qui ont fait de la campagne des Prati di Castello une deuxième ville tirée au cordeau ont rendu un grand service à la Rome ancienne. Grâce à eux, elle est devenue un écrin encore plus secret, un ensemble de précieuses antiquités, où ne peuvent vivre que des gens hors du commun. Ceux-là même dont les ancêtres habitaient les demeures séculaires du Parione, du Campo Vaccino, du Trastevere.

Une seconde Rome est née dans le quartier Prati di Castello après l'occupation piémontaise de 1870. Le tracé angulaire de ses rues et de ses avenues rappelle l'architecture de Turin, la capitale du Piémont. Situé non loin du Vatican, le quartier du Prati cotoie les vestiges de la Renaissance et les constructions baroques du centre historique, tel le palais de Justice, énorme cube funéraire blafard échoué entre la via Zanardelli et la Piazza Nova.

Même si ce n'est pas prouvé, on prétend que Jules César aurait été assassiné à l'endroit où sont visibles les ruines de Torre Argentina. Ce paysage à l'abandon semble avoir inspiré à l'écrivain Ennio Flaiano, grand connaisseur de Rome et des Romains, cette phrase aussi lapidaire qu'une épitaphe: "Et toutes ces pierres qui se trouvent là, alentour, inutilisées et délaissées, comme les restes d'un riche festin."

La via Arenula et le ghetto: un subtil mélange entre le mode de vie romain et les coutumes du ghetto juif. Ces venelles ont été le théâtre, plus que n'importe quelles autres rues de Rome, de la cruauté des nazis pendant la dernière guerre. La présence du ministère de la Justice, via Arenula, paraît presque ironique.

Aucun autre monument en Italie ne suscite encore de nos jours autant de polémiques. Cela fait quatre-vingt ans qu'on a inauguré cet édifice de couleur laiteuse. Il est dédié à Victor-Emmanuel II, le roi qui a ordonné l'occupation de la Rome papale le 20 septembre 1870. Sa statue de bronze trône à présent au centre de la construction. Son érection a donné lieu à de vastes démolitions: pour bâtir cette immense masse en marbre de Brescia, il a fallu abattre les maisons et les venelles médiévales qui reliaient la piazza di Venezia au Colisée.

Le gigantesque "encrier", comme l'ont appelé avec mépris les amoureux de Rome, a suscité l'ironie d'Alfred Hitchcock lors du premier séjour du célèbre metteur en scène dans la capitale italienne: "Je déverserais lentement des tonnes de peinture jaune sur ces escaliers blancs. Voici la véritable fonction de ce monument: se transformer en un Vésuve moderne recouvert de blanc et de jaune." Et Dieu sait ce que Michel-Ange aurait dit de ces dimensions gigantesques, lui qui demeurait dans une petite maison aux pieds du Capitole, à l'emplacement des fondations du monument.

Imitations des réalisations de l'époque augustinienne, nostalgies des mosaïques et du marbre de Carrare : c'est le style hybride que le fascisme a tenté, pendant vingt ans, d'inculquer aux jeunes gens, énergiquement encouragés à s'entraîner dans le complexe sportif de l'ex-Foro Mussolini.

Le pont Flaminio est devenu, depuis 1951, l'année où il fut achevé, le pont Eros: long de 225 mètres, il est bariolé de graffiti gigantesques,de coeurs percés, de dessins de lèvres langoureuses et de messages sans cesse renouvelés: "Nina, mon petit lapin, pourquoi est-ce que tu ne reviens pas?" — "Tina, tu es la plus belle du monde" — "Maria, c'est à cause de toi que je pars. Tu me le paieras!"
Puis, une fois par mois, les balayeurs municipaux recouvrent les grandes inscriptions. En vain. La nuit même, d'autres coeurs brisés reprendront leur place …

Cette maison circulaire qui ressemble plus à un cottage qu'à un vivarium abrite des tortues, des alligators, de grands lézards et des serpents. C'est l'un des bâtiments les plus étonnants du zoo de Rome, créé en 1911 et qui couvre environ 19 hectares, le long de la Villa Borghese. Des bataillons de visiteurs viennent voir chaque jour ses trois mille pensionnaires.

Il y a un peu plus d'un siècle, des rideaux de roseaux entrecoupaient les jardins du Flaminio: on était en pleine campagne. Aujourd'hui, le quartier qui va du stade Flaminio au Ponte Milvio est habité par la moyenne bourgeoisie, catégorie sociale en mutation permanente dans cette capitale du secteur tertiaire qu'est devenue Rome.

On pourrait définir le Lungotevere Flaminio comme "le quartier des loisirs". C'est là que sont concentrés les clubs de tennis les plus huppés de la capitale: c'est le lieu d'élection de tous ceux qui ont besoin de se libérer des tensions de la journée. Au centre de la photo de gauche on aperçoit la viale Mazzini et ci-dessus, les installations du Foro Italico, construit entre 1929 et 1937, avec le stade où se se déroulèrent les jeux Olympiques de 1960.

Saint Grégoire, dit Grégoire le Grand, vécut à cet endroit; par la suite, on y bâtit son église. Elle se trouve à deux pas de l'endroit où commence la "voie royale", la via Appia construite par Appio Claudio Cieco. Le bois qui entoure l'église est lui aussi sacré; il est en effet constitué d'arbres à feuillage persistant, donc bénis du Ciel selon la croyance populaire.

Dédiée au martyr Saint Sébastien, tué en 304 sur l'ordre de Dioclétien, cette église a rapidement pris de l'importance, ce qui lui a valu le nom de Basilica Apostolorum. Depuis elle attire des pèlerins du monde entier qui la découvrent avec émerveillement, blottie dans un tournant de la via Appia Antica au milieu de pins immenses.

Les Romains ont toujours eu le culte du repos. Une retraite dans une superbe demeure entourée de verdure, comme ici aux Castelli Romani, sur l'Aventino, à la Cassia ou l'Aurelia (de gauche à droite et de haut en bas), laisse à ceux qui s'y livrent (écrivains, peintres ou réalisateurs pour la plupart) tout loisir de donner libre cours à leur inspiration créatrice.

Deux maisons d'apparences bien différentes dans la campagne romaine. On trouve ces paysages champêtres dans la proximité immédiate de la ville.

Vue d'ensemble du monastère San Gregorio dans le parc du Celio près du Colisée.

INDEX

REMERCIEMENTS

L'éditeur et Guido Rossi, le photographe, remercient les forces aériennes SMA 2 Reparto pour leur aide, ainsi que les pilotes Mauro Pompa et Vincenzo Calabrese. Toutes les photographies publiées ont reçu le permis SMA No 834 du 18 août 1987. Ils remercient également tout particulièrement S.E. Alessandro Vattani, Ambassadeur d'Italie à Singapour, et sa femme, Francesca, pour leur aide et leurs conseils pendant la conception de ce livre.

Sources des illustrations anciennes

Ministero dei Beni Culturali, Aerofototeca, Rome (photo, p. 25)
Musée des plans et reliefs, Paris (p. 21)
Museo di Roma, Rome (gravure, p. 19)
Sovrano Ordine Militare di Malta, Rome (photo, p. 23)

Sources des citations

G.G.Belli: *I sonetti* (Mondadori Editore)
Ennio Flaiano: *Una e una notte* (Bompiani Editore)
J.W. Goethe: *Viaggo in Italia*, vol. 3 (G.C. Sansoni Editore)
Italo Insolera: *Roma* (Laterza Editore)
Manlio Lupinacci: *Qui Roma* (Touring Club Italiano Editore)
Ugo Martegani et Vanni Ronsisvalle: *Roma, il diavolo e l'acquasanta* (Canesi Editore)
Petronio: *Satyricon* (De Carlo Editore)
Paolo Portoghesi: *Roma barocca* (Laterza Editore)

PROCACCIA
CASUAL